南粵出版社

責任編輯　席若菲
書籍設計　a_kun
書籍排版　楊　錄
校　　對　栗鐵英

書　　名　八識規矩頌 —— 唯識初探（第三版）
著　　者　觀成法師
出　　版　三聯書店（香港）有限公司
南粵出版社
香港北角英皇道 499 號北角工業大廈 20 樓
Joint Publishing (H.K.) Co., Ltd.
South China Press
20/F., North Point Industrial Building,
499 King's Road, North Point, Hong Kong
香港發行　香港聯合書刊物流有限公司
香港新界荃灣德士古道 220-248 號 16 樓
印　　刷　美雅印刷製本有限公司
香港九龍觀塘榮業街 6 號 4 樓 A 室
版　　次　2025 年 4 月香港第 3 版第 1 次印刷
規　　格　16 開（170mm × 220 mm）272 面
國際書號　ISBN 978-962-04-5644-2

八識規矩頌

唯識初探

（第三版）

觀成法師

《八識規矩頌》

唐三藏法師玄奘奉詔撰

性境現量通三性，眼耳身三二地居，
徧行別境善十一，中二大八貪嗔癡。
五識同依淨色根，九緣七八好相鄰，
合三離二觀塵世，愚者難分識與根。
變相觀空唯後得，果中猶自不詮真，
圓明初發成無漏，三類分身息苦輪。

三性三量通三境，三界輪時易可知，
相應心所五十一，善惡臨時別配之。
性界受三恒轉易，根隨信等總相連，
動身發語獨為最，引滿能招業力牽。
發起初心歡喜地，俱生猶自現纏眠，
遠行地後純無漏，觀察圓明照大千。

帶質有覆通情本，隨緣執我量為非，
八大徧行別境慧，貪癡我見慢相隨。
恒審思量我相隨，有情日夜鎮昏迷，
四惑八大相應起，六轉呼為染淨依。
極喜初心平等性，無功用行我恒摧，
如來現起他受用，十地菩薩所被機。

性惟無覆五徧行，界地隨他業力生，
二乘不了因迷執，由此能興論主諍。
浩浩三藏不可窮，淵深七浪境為風，
受熏持種根身器，去後來先作主公。
不動地前纔捨藏，金剛道後異熟空，
大圓無垢同時發，普照十方塵剎中。

目錄

第一章：唯識學與《八識規矩頌》

第二章：正釋頌文

第三章：總結八識及補充資料

附錄

第一章

唯識學與《八識規矩頌》

一、題前漫談

唯識學的空間觀與時間觀比心理學更寬廣，
因為它不單講今世，還涉及前世、後世，
不單止講凡夫的領域，還涉及聖人的境界，
以及超凡入聖的修行方法。

唯識，「唯」是唯獨、肯定之意，「識」是「心」的別名。
透過「心」才能認知萬物。這「心」對境時能
產生覺知、了別、分析、綜合等作用。
心為一切善、惡、苦、樂的根本，所以怎樣去認識、淨化、
安住自己的心，是學佛者最重要的第一課。
當你能善於用心去生活，不但能降伏煩惱，
還可以令你的學業、事業更成功，
家庭更幸福，達到生命價值的最高峰。若更能依佛法修心，
將來捨報後能脫離生死苦海，達到究竟圓滿的覺悟。

《八識規矩頌》義理深奧，雖是深奧，但我們若能用簡單、易懂的言詞，清晰地表達到其深奧的義理，而令大家明白，這是一個弘法的考驗，並且希望能透過與聽眾互動，彼此研習佛法，共沾法益。須知要真正了解佛法，必須懂得一些唯識學的義理啊！

唯識（梵語：vijñāptimatra，英譯：mere consciousness）中的「唯」，即唯獨、肯定之意；「識」，即是心識。對於眾生來說，一切境界皆唯心識所現（mere manifestation of consciousness）而非真實，但由於眾生迷惑而執妄為真，攀緣執着諸境，遂起惑造業，因造業而受報，流轉生死苦海。學習唯識是要透過對宇宙的正確認識，對萬象的如實了別（discern）所累積的修行經驗去實踐佛法。

唯識學被譽為佛法中高深的心理學，因此我們不單可從宗教的立場研究唯識學，也可以從心理學的角度去研習唯識學。心理學（Psychology）是專門研究眾生的心理現象、精神功能和思想行為的學問，既是一門理論學科，也是一門應用學科。再深入些說：佛教唯識學與心理學一樣，研究有情眾生的覺知、認知、情緒、人格、行為和人際關係等許多領域；但唯識學講得更詳盡。何以故？因為唯識學的空間觀與時間觀比心理學更寬廣，因為它不單講今世，還涉及前世、後世，不單止講凡夫的領域，還涉及聖人的境界，以及超凡入聖的修行方法。

《八識規矩頌》是唯識學的一個綱要，共有四十八頌，每一頌七個字。它是修習唯識入門之論作，若能熟誦《八識規矩頌》，又明白其中的義理，你學習《瑜伽師地論》《成唯識論》《唯識三十頌》《唯識二十頌》等著作時，就更能融會貫通了。

《八識規矩頌》是佛教唯識學，若然不明白這頌所詮釋的哲理，就很難理解唯識要義，對唯識名相就會覺得好難懂，缺乏自信，不利於修學佛法。唯識學的重點是要教我們修心，所有佛法，無論你修學哪一個宗派：淨土宗、唯識宗、天台宗、禪宗、密宗、華嚴宗、律宗、三論宗，你必須修心。你明白修心法要，對你的修行很有幫助。

學佛必須要「福慧雙修」。六度波羅蜜中，布施、持戒、忍辱屬於修「福」。布施、持戒、忍辱者將來的福報非常之大，不可思議。然而，如何修「慧」呢？「慧」需從三方面去修，佛門常說「從聞、思、修，入三摩地」。「慧」有聞所成慧、思所成慧、修所成慧。

（1）聞所成慧：「聞」就是聽聞佛法。以敬信心去領受佛法，從「聞」裏面培植你的智慧。大家今日聽聞佛法，屬於聞所成的慧。佛法重在多聞熏習，你聽佛經、開示，提出問題、想深入浩如煙海的經律論三藏，這是培養「聞所成慧」。唯識學的哲理深奧而且文獻甚多，所以不少人認為它只是着重「聞所成慧」的義理而輕於實踐。其實，唯識學並非單止於解釋「諸法實相」(ontology)的義理，它從不同的心識角度，引發眾生的思惟，其目的在轉識成智，轉迷成覺。

（2）思所成慧：你聽聞佛法後，必須要透過自己的思惟去理解，並經常將義理與現實生活去自我啟發、反省、內觀，就是「思所成慧」了。在眾多宗派中，唯識學包括了人類心理學，與眾生的生活息息相關，最能引發「思所成慧」。在修學佛法的過程中，「聞」與「思」是很重要的階段。眾生在迷惑的此岸，若要渡過煩惱的中流，到達覺悟的彼岸，必須要乘搭般若船。這般若船就是以聞所成慧和思所成慧所構造的。

（3）修所成慧：較之「思所成慧」更進一步的，就是「修所成慧」，即依法修行，將你知道的付諸實踐。修學唯識宗的終極目標，就是「轉依」，即是轉識成智（transform consciousness into wisdom）。這義理以後會一一為大家解釋。「轉依」，即在修行的過程中，捨去劣法之所依，而證得勝淨法之所依。這就是鍥而不捨地精進修行，轉捨煩惱障（我執），超越生死苦惱，證涅槃果；轉捨所知障（法執），住於究竟清淨，證菩提果。

佛教的三無漏學是「戒定慧」，簡言之：即是持「戒」、修「定」、發「慧」。這慧的啟發，是由「聞所成慧」而建立信心；由「思所成慧」而嚴持戒律，修習禪定；由「修所成慧」而使禪定與正覺相應，得證大自在解脫，這就是修學佛法的必然過程。

學佛的目的是什麼？是單單為了自己現世要活得更快樂嗎？是求財、求名、求利、求長壽、求健康、求婚姻、求事業嗎？

其實，我們學佛是為了解脫世間的痛苦、煩惱，達到究竟常樂的終極理想。學佛是尋求生命意義的探索與超越生死的大自在解脫，包括了現在與將來兩個層面：現在要從煩惱痛苦中解脫出來，活出身心清淨，利樂眾生，廣結善緣的人生；將來能超越三界六道輪迴，不再浮沉於生死苦海，達到究竟圓滿的覺悟。

學佛的目的，大家應該明白了。要達到此目的，必須將「心」改善，使「心」得到「究竟、清淨、圓滿」。所以佛陀說法，不論是講四諦、十二因緣，或其他種種法門，都離不開講「心識」的問題。「心識」是佛法的中心論題，學佛者若不認知「心識」，就不能理解佛法。

心識裏，含藏着生命流轉與還滅的奧秘。唯識學是一門探索內心與世間關係的學問。唯識思想，貫徹原始佛教以來重視心識及瑜伽禪定的傳統，承接部派佛教對輪迴主體之探究。

我們時常說人生有很多煩惱，學佛就是學習怎樣去除煩惱。但不少人連「煩惱」是什麼都不知道，更遑論以智慧去分析、降伏煩惱。當痛苦的負面情緒產生時，就只是以激情去面對：如遇到逆境時就發怒，悲情時就哭泣，氣憤時就謾罵。這樣以激情去面對煩惱，讓外境牽動自己的感覺走，將永遠不能跳出煩惱的漩渦。

佛法唯識學教我們以智慧去分析、降伏煩惱。煩惱的根源來自三毒（貪、嗔、癡），而三毒的根本為「無明」[1]。六個根本煩惱（貪、嗔、癡、慢、疑、惡見）引起其他二十個隨煩惱（忿、恨、覆、惱、嫉、慳、誑、諂、害、憍、無慚、無愧、掉舉、昏沉、不信、懈怠、放逸、失念、散亂、不正知）。煩惱的產生，與「我執」中心有關。

為什麼佛說「唯識」呢？「唯」是肯定的意思；識（梵語：

1　無明（梵語：avidyā，英譯：ignorance）為愚癡之別稱，即不通達真理，不能明白事相和道理，於正法不能生信，妄執邪見，且生貪染心，迷惑於塵境。

vijñāna，英譯：consciousness）是「心」的別名。透過「心」才能認知萬物。這「心」對境時能產生覺知、了別、分析、綜合等作用。心為一切善惡苦樂的根本，心能主宰一切，控制一切，所以怎樣去認識自己的心，守持自己的心，淨化自己的心，是學佛者最重要的第一課。當你能善於用心去生活，不但能解除煩惱，還可以令你的學業、事業更成功，家庭更幸福，達到生命價值的最高峰，所以禪門常說：「制心一處，無事不辦」。

世間萬法，都離不開心，佛法就是修心的方法。凡夫的心識不斷地攀緣外境。何謂攀緣？猴子從一根樹枝攀跳到另一樹枝，再攀躍到另一樹枝，如此不停地攀來攀去，這譬喻凡夫的六根（眼、耳、鼻、舌、身、意）不斷地攀緣六境（色、聲、香、味、觸、法）。我們的心識是「能緣」，境界是「所緣」。猴子是能攀，樹枝為所攀。心識就猶如猴子，不斷攀緣外境。我們面對無量所緣境，若能明白「所緣境」的生滅與「能緣」的種種關係，對於學習佛法尤為重要。

那麼，平時我們凡夫的所緣境（externalities）是什麼呢？其實，日常生活中你感官所關注的都是你的所緣境，故所緣境是無量無邊的。眼可以見到的是眼的所緣境（色）；耳可以聽到的是耳的所緣境（聲）；鼻所聞到的是鼻的所緣境（香）；舌所嚐到的是舌的所緣境（味）；身觸覺到所有的一切，就是身的所緣境（觸）；意念所想到的都是意念的所緣境（法）。換言之，眼識執着色境，耳識執着聲境，鼻識執着香境，舌識執着味境，身識執着觸境，意識以六境之諸法為其各自之所緣境。這所緣境一旦被你的心識執着了，牽動你的情緒，令你產生煩惱及現行，就作出身、口、意三業，因作業而受報。

唯識學與我們日常生活息息相關，即使是深奧的義理，只要我們通過互相學習、啟發，就能將深奧的東西刪繁簡化，以利學習。開始學習《八識規矩頌》之時，不要害怕諸多名詞、名相，只要你明白了就不會感到深奧了。唯識學對眾生的心識作出細密分析，能使我們得以了解自身之所以墮入生死煩惱的真正原因。眾生心境，因一念無明不覺，不生不滅的真心與生滅境和合，變為「阿賴耶識」，遂生妄想分別，因惑造業，輪迴生死。若了解「唯識」義理，依法修行，能轉識成智，則妄想迷惑不生，永離諸相，轉凡成聖。學習「唯識」，使行者明白心識與心所（concomitant mental functions），了知心識起滅，易於調治身心，止惡行善，修學佛法，永斷生死，至涅槃樂。

二、唯識學所依據的典籍

六經十一論：六經以《解深密經》為根本經，

十一論以《瑜伽師地論》為根本論。

唯識學的依據典籍有六經十一論。

六經是：《華嚴經》《解深密經》《如來出現功德莊嚴經》《大乘阿毗達摩經》《楞伽經》《厚嚴經》。

十一論是：《瑜伽師地論》《顯揚聖教論》《大乘莊嚴經論》《唯識三十頌》《攝大乘論》《大乘五蘊論》《分別瑜伽論》《大乘百法明門論》《唯識二十論》《辯中邊論》《大乘阿毗達摩集論》。

六經以《解深密經》為根本經，許多唯識學重要的理論都淵源於此，是學習唯識的必讀經典。十一論就以《瑜伽師地論》為根本論。《瑜伽師地論》有一百卷，此論相傳為無著菩薩在禪定中，上升至兜率天，親自受學唯識於彌勒菩薩，並得彌勒菩薩贈與此論，遂留傳後世。此論原是梵文，後由玄奘法師譯為漢文。除此之外，還有一部重要的著作：《成唯識論》。

《成唯識論》是中國唯識宗的主要立論依據，是玄奘法師以世親菩薩的《唯識三十頌》為主線，以法護[1]學說為主，攝取各家的思想，並糅合印度十大論師的詮釋編譯而成，最能體現法相唯識學派的基本思想，是研究唯識依據的主要經典之一。玄奘法師的《成唯識論》引用六經十一論，集唯識思想之大成，故研習者眾多。近代研究唯識的學者，有很多著作解釋《成唯識論》，亦有不少相關的英文譯本。

1　法護（梵語：Dharmarpāla）六世紀之南印度人，乃唯識學派十大論師之一，精通大小乘義理，著作有《成唯識寶生論》《大乘廣百論釋論》等。

三、本頌作者：
唐三藏玄奘法師

自古至今，世界上最豐富的宗教哲學文獻，就是漢文佛典。何以故？
佛教的經、律、論典籍，不單是佛陀「無上正等正覺」的修證懿範，
而且是歷代高僧們不惜冒着生命危險，長途跋涉，
西行往天竺（今印度的古名）求取佛法得來的文獻，
是人類文明的哲學寶藏，智慧的結晶啊！

歷代不少西行往天竺求取佛法的中國僧人，
在漫長的旅途中，嚐盡艱難險阻，攀越萬壑千峰：
有些客病旅途，齎志而歿；有些不堪勞累，半途折返；
亦有很多未見史冊記載的，其實都已經默默地在沙漠或蔥嶺間犧牲了。
在這些無數的大德中，能夠保全性命，攜奉法寶回國的，
就只有朱士行、法顯、玄奘和義淨等數位而已！
你可知道他們冒險取經的事跡嗎？

《八識規矩頌》的作者是唐三藏玄奘法師。玄奘法師，河南人，俗名陳禕，生於隋文帝開皇十六年（公元 596 年），十三歲在淨土寺出家，二十歲受具足戒。玄奘法師出家以後的十三年間，飽覽了中國當時的佛經，深感國內翻譯的佛學經典並不完備。因佛學流派太多，傳授各異，以及對佛典精神的不同理解，甚多隱晦、不明之處，甚至翻譯有誤、不完整，令修學者深感困惑。解除困惑的最好方法，就是親到佛教發源地——印度，學習原文，並親近當地的高僧大德，探求他們的詮釋。於是，玄奘大師發願要到印度，不惜冒險踏上千里迢迢，萬水千山的旅途，西行去印度（古稱天竺）求學佛法。唐太宗貞觀三年，他決心已定，「冒越憲章，私往天竺」，獨自從長安出發，踏上「絲綢之路」，越過雪山進入印度，整整行了兩年多。

玄奘法師從長安（今西安）出發西行，踏上「絲綢之路」，以其非凡體力、堅定的意志，在異常險惡、困苦、備歷艱辛的條件下，克服重重艱難險阻，整整行了兩年多的時間，終於到達印度。對玄奘法師影響最大的是王舍城的那爛陀寺（Nalanda Monastery），那爛陀寺是當時全印度佛教最高的學府，也是最享盛譽的佛教大學，現今仍然存在那爛陀大學（Nalanda University）。玄奘法師在此親近過百歲的老住持戒賢論師（梵語：Śīlabhadra）為師。戒賢論師是當時唯識學的大師，亦是印度大乘瑜伽行派著名論師，他的著作《佛地經論》，已譯為英文。

玄奘大師先學梵文，以唯識為主，對印度的佛學、唯識學有甚深的造詣。公元六世紀的印度，佛學非常發達，但派別太多，小乘與大乘的爭執更激烈。故此，戒日王（梵語：Śīlāditya）為主持公理，為了要平和解決佛教大小乘的糾紛，定期舉辦佛學辯論大會。當時，按照古印度辯論的規矩，論主講論，寫下論題，如果有人挑出一個字的錯誤來，就可要求論主自殺，亦即是說，是以生命來作辯論的。

唐貞觀十六年（公元 642 年），戒日王在首都曲女城舉行了佛學辯論大會，請玄奘為論主，邀請印度五國的各國王和大小乘佛教學者，以及外道來參加。當時玄奘講論，任人問難，都一一被玄奘以正確的論理，銳利的詞鋒所擊退，無一人能予詰難。玄奘大師，以一個中國人的身份，在與印度哲學家的辯論中得到認同，一時名震五印，獲得佛教兩個派別的最高榮譽，即被大乘尊為「大乘天」，被小乘尊為「解脫天」。於是大會就贈送他「全印度第一位佛教論師權威學者」的榮銜。

玄奘大師學成後，欲返回祖國，消息傳開後，戒日王千方百計要挽留玄奘大師，迦摩縷波國鳩摩羅王更表示，只要玄奘大師肯留在印度，要為他造一百座寺院。這些優厚待遇沒有動搖玄奘大師回國的決心，戒日王非常感動。貞觀十七年（公元 643 年）五月，奘師正式告別大眾，戒日王與大臣都設餞送別，並派象隊與四位通譯官隨行。戒日王以素氈作書，紅泥封印，派通譯官先行送達玄奘大師所要經過各個國家的國王，交代他們要妥善護持。因此玄奘大師，暢行無阻，於貞觀十九年（公元 645 年）正月回到長安。

玄奘大師留在印度達十七年之久，四處參學；總計他所從學的論師就有十五人。玄奘於貞觀十九年（公元 645 年）重返祖國，帶回中國的經論共六百五十七部。他回國後召集八百多精英人才，組織譯經場，遂於十九年間，共譯出經律論七十五部，總計一千三百三十五卷，是中國最傑出的翻譯家。

自古至今，世界上最豐富的宗教哲學文獻，就是漢文佛典。何以故？佛教的經、律、論典藉，不單是佛陀「無上正等正覺」的修證懿範，而且是歷代高僧們不惜生命去爭取回來的文獻，是人類文明的哲學寶藏，智慧的結晶啊！

歷代不少西行往天竺求取佛法的中國僧人，在漫長的旅途中，嚐盡艱難險阻，九死一生之苦。有些客病荒途，齎志而歿；有些不堪勞頓積苦，半途折返；亦有很多未見史冊記載的，其實都已經默默地在沙漠或蔥嶺間犧牲了。在這些無數的大德中，能夠保全性命，攜奉法寶回國的，就只有朱士行、法顯、玄奘和義淨等數位而已！你可知道他們冒險取經的事跡嗎？

朱士行大師是西行求法的第一位僧人。他在東漢甘露五年（公元 260 年）從雍州（即今陝西長安縣西北）出發，經過敦煌，橫渡「天山南路」的流沙地帶，抵達于闐國（今新疆和田），求取《大品般若經》的梵本。當時通往西域的道路崎嶇艱險。朱士行憑着堅毅不屈的誠心，獨自一人行了萬餘里路，開創了西行求法的先鋒。他在于闐抄錄《大品般若經》的梵本，共有九十章，總計六十餘萬字。後來該梵本於元康元年（公元 291 年）由竺叔蘭等人合力譯成漢文，是為《放光般若經》。

在此順便提及另一位偉大的佛典翻譯家。比玄奘法師更早的二百多年前，還有一位大師，為了求取完備的戒律經典，歷經五年艱險旅途到印度求法。他就是法顯大師。法顯大師是我國西行天竺求佛法的第一人，於晉隆安三年（公元399年），以六十多歲的高齡，從長安出發西行，出陽關，涉戈壁，過河西走廊，穿越塔克拉瑪干大沙漠，跨帕米爾高原，到達印度，參禮佛跡，尋找佛經。法顯大師在印度學習了約八年後，攜帶大量佛經回祖國，從海路到達斯里蘭卡、印度尼西亞，最終於東晉義熙八年（公元412年）農曆八月，漂流到青島嶗山登陸，在倥偬的旅途與艱苦的學習中度過了十五年。

法顯大師的旅途是怎樣的呢？他於東晉隆安三年（公元399年）約同慧景、道整、慧應、慧嵬等人，由長安出發，經過「河西走廊」（張掖—敦煌—鄯善—焉耆—于闐—疏勒），再越過蔥嶺雪山，前後六年才到達印度。途中的沙漠地帶，酷熱乾旱，上無飛鳥，下無走獸，遍目茫然，只憑着偶而見到的枯骨為標幟。蔥嶺雪山經年飄雪，萬壑千峰，崎嶇險絕，只依靠簡陋艱險的梯道繩橋為路軌。他們一行約十人，在途中有因病折回的，有失蹤的，有死在路上的；也有最後留印不歸的。終於求得佛經回國的，就只有法顯一人而已。法顯出發時是六十多歲，西行六年，在印度逗留六年，學習梵文及抄錄經典。他的歸程是沿海路經獅子國等地，又經過三年的漂流，最後於山東青州登陸。這時他已經近八十歲了。法顯大師攜回不少經律論典籍，並翻譯了《摩訶僧祇律》《大般泥洹經》《雜藏經》《雜阿毗曇心論》等約一百多萬字的經律論。法顯大師為求佛法，意志堅定、不畏艱險、以近古稀之齡西行求法。真是令人欽敬，願大家以此共勉！

在《佛國記》的跋文中，有一段法顯大師的自白，堪能道盡西行求法者的艱苦：「回顧西行所經歷的艱難困苦，現在都不自覺地心悸汗流，我們之所以能夠乘危履險，不惜生命，大概是因為我們生性愚直，志向專一，才能冒着生命危險，為了完成萬分之一的希望而奮鬥到底。」

唐朝義淨大師於咸亨二年（公元 671 年），從廣州搭乘波斯商船，由海路出發西行，經過馬六甲海峽和孟加拉灣各海岸，抵達印度。他的西行求法總計二十四年，遊歷三十餘國，攜回的梵本約有四百部，共譯出六十一部經典。在《翻譯名義集》卷三內，有一首義淨大師所作的《題取經詩》：

晉宋梁齊唐代間，高僧求法離長安；
去人成百歸無十，後者安知前者難。
路遠碧天唯冷結，沙河遮日力疲殫；
後賢如未諳斯旨，往往將經容易看。

這首詩道出了這些高僧們的共同心聲，是給輕慢經典者的當頭棒喝！

佛教自東漢傳入中國以後，除了漢僧西行求法之外，亦有不少東來弘法的西域、天竺僧人（當時稱為胡僧），從異國長途跋涉，翻山越嶺來到中國傳教。這些僧侶，冒着生命危險，經過「絲綢之路」或「天山南路」「河西走廊」或從海路來到漢土，成為中國佛教的播種者和拓荒者。

最初東來的印度高僧是迦攝摩騰和竺法蘭。他們隨着漢明帝的使者來到洛陽，先學習漢語，隨後翻譯出《四十二章經》等。後來陸續東來的胡僧頗多，現試列舉其中顯著者，以供大家參考：

表一

東來中國弘法的胡僧			
年代	國籍	譯師	經典
東漢	安息國	安世高	《安般守意經》《八正道經》等
	月氏國	支婁迦讖（支讖）	《首楞嚴經》《道行般若經》等
	天竺	竺法蘭	《四十二章經》《佛本生經》等
三國	康居國	康僧會	《雜譬喻經》《六度集經》等
	康居國	康僧鎧	《佛說無量壽經》等
	天竺	曇柯迦羅	《摩訶僧祇律》等
西晉	月氏	竺法護	《光讚般若經》《維摩詰經》等
東晉	龜茲國	鳩摩羅什	翻譯甚多約共七十四部
	罽賓	佛陀耶舍	《四分律》《長阿含經》等
	天竺	佛馱跋陀羅	《華嚴經》《大般泥洹經》等

（續表）

東來中國弘法的胡僧			
年代	國籍	譯師	經典
南北朝	罽賓	佛陀什	《五分律》等
	西域	畺良耶舍	《觀無量壽經》等
	罽賓	求那跋摩	《雜阿含經》《勝鬘經》《楞伽經》
南北朝	天竺	真諦	《金光明經》《大乘起信論》等
隋	天竺	達摩笈多	《藥師如來本願經》等
唐	天竺	善無畏	《虛空藏菩薩求聞持法》《大毗盧遮那神變加持經》等
	天竺	金剛智	《觀自在如意輪菩薩瑜伽法要》《千手千眼觀世間菩薩大身咒本》等
	獅子國	不空	《金剛頂經》《密嚴經》《仁王經》
	于闐	實叉難陀	《大乘入楞伽經》《入如來智德不思議經》
	天竺	菩提流志	《佛境界》《寶雨》等
	迦畢試國	般若	《大乘理趣六波羅蜜多經》《六波羅蜜經》等
	罽賓	佛陀多羅	《大方廣圓覺了義經》
宋朝以後	佛經翻譯逐漸減少，已不及唐朝之盛。		

四、本頌著作緣起

玄奘法師撰著《成唯識論》後，

其弟子窺基法師覺得這論的義理太過深奧，不是一般人能夠讀明白的，

於是啟請玄奘法師依此論的義理，把最精要的內容，

以偈頌的方式，寫出《八識規矩頌》，成為學人記誦的口訣。

因此，學好《八識規矩頌》，亦即等於學習《成唯識論》的綱要。

佛門有句諺語：「經書難得，人師難求。」

每一部佛教經典的東來，都有其可歌可泣的故事。

佛教徒手捧這些得之不易的經典時，怎能不心生恭敬，

心存感恩呢？

以上介紹了《八識規矩頌》的作者玄奘大師，並順便提及翻譯經典的一些卓越的歷史人物。現在再講《八識規矩頌》的著作緣起。

在唯識學的經論中，對心識的意義分析得最細微、最詳盡的有《瑜伽師地論》。《瑜伽師地論》共一百卷，為彌勒菩薩所述，文句結構濃縮而義理甚深，初學者甚感難讀。《唯識三十頌》是世親菩薩最後的作品，它總結了前期各種經論中的唯識思想，是世親菩薩在唯識學上最高的成就。但遺憾的是他來不及為《唯識三十頌》註解，就入滅往生了。《唯識三十頌》闡釋一切客觀及主觀的事物皆由八識所變現，統攝「唯識」整個思想系統，文句奧義難懂，讀者必須加倍努力，方可明白。通常漢譯經典將一頌譯成四句，每句五字或七字。這論就是由三十頌所組成，而內容是發揮唯識的思想，故稱《唯識三十頌》。

後來，玄奘三藏法師糅合法護、安慧等印度十大論師的詮釋編成《成唯識論》，以解釋《唯識三十頌》。《成唯識論》為中國唯識宗立宗的主要理論依據，最能體現法相唯識學派的基本思想。玄奘大師編著《成唯識論》後，其弟子窺基法師覺得這論的義理太過深廣，不是一般人能夠深入探究的，於是啟請玄奘法師依此論的義理，集合八識的要義，把最精要的內容，以偈頌的方式，將八識分為四章，每章作頌十二句，共四十八句，按照《唯識三十頌》的結構，圍繞着唯識的重點，分破執、顯理、釋難、行果四個方面，構成《八識規矩頌》。因此，學好《八識規矩頌》，亦即等於學習《成唯識論》的綱要。

五、釋頌題：《八識規矩頌》

若能了解這八識的義理，即是能認識自己的心識活動，
使它循着正軌去實踐生活，今世就能從煩惱痛苦中解脫出來，
活出身心清淨、利樂眾生、廣結善緣的人生；
將來能超越三界六道輪迴，達到究竟圓滿的覺悟。

我們這身心都是業力所招感的。八識時常引導我們作惡、作善。
但沒有八識，我們也成不了佛。為什麼？
如果我們沒有了八識，即是沒有了眼識、耳識、鼻識、舌識、身識、
意識、末那識，阿賴耶識，那如何去修行呢？八識能令我們做一切惡事，
走入邪道，下地獄。但是，若能善用八識，
也可以令我們做一切善事，走上聖道，成菩薩，成佛啊！

學習《八識規矩頌》我們先要知道，何謂八識？

眼識、耳識、鼻識、舌識、身識，稱為前五識（the front five consciousnesses）；若加上意識，稱為前六識；加上末那識（我執思量），再加阿賴耶識（藏一切種子識），稱為八識。前六識的名稱各以其所依靠的根[1]而立名，如：眼識依眼根立名，耳識依耳根立名，鼻識依鼻根立名，舌識依舌根立名，身識依身根立名，意識依意根立名（表二）。第七識依其自性立名，第八識有「攝持一切種子，業力，因果諸法」等之義，亦即是從自性立名。識是什麼？《大乘義林章》曰：「識者心之別名」[2]。因此，識就是「心」，是我們精神作用的主體。

前五識（眼、耳、鼻、舌、身識），是「非恒非審」的。「非恒」，不是永遠這樣的，是因為人去世就沒有了，即使在世時，當眼耳鼻舌身，起認識活動時，是剎那間生滅的，不是無間斷的延伸。所以，在五無心位（熟睡、悶絕、無想定、無想天、滅盡定）的狀態下是不生起作用的。「非審」，沒有審察能力的，是前五識認識現象時，只能通過直覺去捕捉，而不能思量、推度、分別。如眼觀時，眼識只能攀緣色境，不會去分別這色境的美醜、形狀等；耳聽時，耳識只能攀緣聲境，不會分別這聲音的大小、來處等。眼、耳、鼻、舌、身本身不分別，是靠意念去分別的，所以「非恒非審」。

第六是意識，是「審而非恒」的。它是過去、現在、未來，內、

1 根者，感覺器官（sensory organ）。

2 編者按：佛經本無標點，斷句因個人理解不同而存在差異，後文不贅。

表二

八識規矩頌

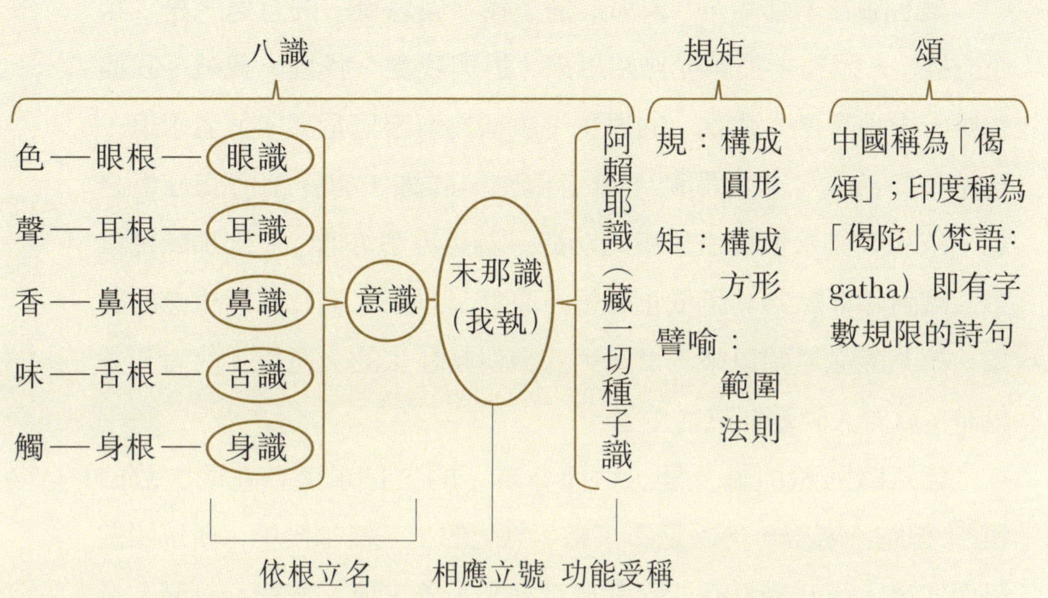

眼識（梵語：cakṣur-vijñāna，英譯：eye-consciousness or seeing）

耳識（梵語：śrotra-vijñāna，英譯：ear-consciousness or hearing）

鼻識（梵語：ghrāṇa-vijñāna，英譯：nose-consciousness or smelling）

舌識（梵語：jihvā-vijñāna，英譯：tongue-consciousness or tasting）

身識（梵語：kāya-vijñāna，英譯：body-consciousness or tactile feeling）

意識（梵語：mano-vijñāna，英譯：thinking-consciousness）

末那識（梵語：manas-vijñāna，英譯：ego-consciousness）

阿賴耶識（梵語：ālaya-vijñāna，英譯：store-consciousness）

外一切事物思惟、了別的識，幫助你去審察、分別、綜合、分析的。但意識不是永恒的，也就是人去世就沒有了。

第七識為末那識，「末那」是「我執與思量」的意思，是「相應立號」。因為末那識從無始以來，恒與我愛、我慢、我嗔、我癡相應。末那識是「我執」的思量，故稱為恒審思量識。恒者永恒，相續不斷活動，未曾間斷；審者慎密、詳細，有仔細考究分析之意。末那識具永恒慎密思慮的功能，為「亦恒亦審」。末那識是以第八識阿賴耶識為其所依止的根，而且又以第八識為其所緣慮的對象。第七識從無始以來，是與第八識俱起並生的。所以，隨着人去世時，就歸入阿賴耶識往生了。

第八識阿賴耶識，是「恒而非審」的，是永遠存在的，故曰恒[1]，但它不審查，無論是善、惡、無記的，一概都接納，所以叫做恒而非審。第八識具有能含藏無量劫來，善、惡、無記、有漏、無漏等一切法種子之功能。這種子在未受報前都藏在阿賴耶識中，並能令其歷劫不壞。阿賴耶具有三種功能:「能藏」「所藏」及「執藏」。對種子而言，名為「能藏」，「所藏」是對前七識而言，是說第八識為一切有漏法所依、所藏之處。「執藏」只對第七識而言，含有堅持不捨地執持之義。

我們的心理活動，雖然十分複雜，然而最顯著的就是這八識。研習唯識，最重要的前提是要明白這些名相的意義及其各與各的關

1 「永恒」不過是方便名言，便於解釋。若從空義來說，無有一法不變，哪有「永恒」？從般若義來說，無有一法可得，達到究竟圓滿的覺悟時，阿賴耶識轉為大圓鏡智，故阿賴耶識亦非永恒。

係，以及了解安立這些名相的原因。今後進一步學習、研究唯識義理時，方可勢如破竹，而不會觸處生障。

我們這身心都是業力所招感的。八識時常引導我們作惡、作善。但沒有八識，我們也成不了佛。為什麼？如果我們沒有了八識，即是沒有了眼識、耳識、鼻識、舌識、身識、意識、末那識，阿賴耶識，那如何去修行呢？八識能令我們做一切惡事，走入邪道，下地獄，但也可以令我們做一切善事，走進聖道，成菩薩，成佛啊！將你們污染的八識捨棄吧，轉它們成為聖智（正智）。你願意拋下你的惡習，願意學習唯識、願意成聖嗎？或是仍然要在欲界的生死煩惱中流轉。你會選擇哪一樣？

《八識規矩頌》的八識已簡略介紹過，何謂規矩呢？規矩者，畫圓之器叫「規」，用來構成圓形；畫方之器謂之「矩」，用來構成方形。「規矩」指用以量度萬物的儀器。這兩字表示法則或標準，即是說：這些偈頌是我們賴以了解八識範疇與特點的指南針。凡人若能了解這些偈頌的義理，即是能認識自己的心識活動，使它循着正軌去實踐生活，今世就能從煩惱痛苦中解脫出來，活出身心清淨，利樂眾生，廣結善緣的人生；將來能超越三界六道輪迴，達到究竟圓滿的覺悟。

規矩，亦比喻「心識」的造作有一定的軌跡規範，在往後《八識規矩頌》的頌文學習中，就可顯出心識的軌範有兩類：一類是講凡夫有漏的雜染識；一類是講聖人無漏的清淨識。故知八識規矩既包括凡夫的心識，又包括聖人的心識情況。

「頌」者，中國稱為「偈頌」；印度稱為「偈陀」（梵語：gāthā），有一定之字句、押韻等，易於理解、便於記憶，可視為口訣。「頌」能總持一切法義，令學人易於背誦，利於學習。所以學唯識，背誦《八識規矩頌》，天天堅持，就懂得了唯識的口訣。

人生的存在，都是在「心」的主導下，從事一切活動，透過心才能認知萬物，所以「心」的作用最為重要。世間的清淨和污染，不是本身如此的，而是由於心的染淨所造成。我們的內心清淨，所造成的世界一定清淨；內心污染，所造成的世界一定穢惡，可見世間的染淨，是由「心識」決定的。「心」為一切善惡苦樂的根本，心能主宰一切，控制一切。

眾生有八個心識，亦名「心王」（consciousness）。為何叫做「心王」呢？皇帝必有群臣相伴、相輔。所以，你不要以為你只有八個了別外境的識，其實還有五十一個大臣幫助心王去作善、作惡的。換言之：當你起心動念時，心內即有貪、嗔、癡、慢、疑、惡見、忿、恨、覆、惱、嫉、慳、諂、憍、誑等煩惱心所；信、慚、愧、無貪、無嗔、無癡等善心所生起。這些心所就是輔助心王的群臣。

我們八識心王緣外境而生執取，起憎、愛、取、捨，作善、作惡，招感苦樂業報。在這裏不妨重複再講：八識心王就是眼識、耳識、鼻識、舌識、身識、意識、末那識、阿賴耶識。他們不能單獨造作，必須與五十一個心所相應互動方有勢力。

唯識學上有個最重要的意旨，就是「萬法唯識」。這是說世間萬種事物，除我們了別認識的知覺之外，確實沒有實法存在，都是心識所變現的，即「決無離心之境，定有內識之心」。唯識學告訴我們，每一心識又可分析為「四分」，即見分、相分、自證分、證自證分。以「四分」來說明，更能道盡心識的作用，以及萬法唯識之宗旨。例如：我們要說明「鏡子」，我們通過四個方面的不同角度來描述，即：鏡的顯像、鏡的明亮、鏡面和鏡背，透過四個部分的說明，則可道盡此鏡子之特性、作用及全貌。這裏，各位倘對「二分」「四分」仍有不明之處，不要緊，慢慢你就會明白的。

唯識學是以法相而論道，所以，就必須要以法相為對象來說明道理。唯識學認為「一切萬法，唯識所變現」，所謂「一切萬法」就是法相。可見，唯識的宗旨是面對法相，而去了別分析宇宙人生。剛才我們解釋過「唯識」之義，「識」者，就是「了別」，此義就是針對法相而言。「了」是明了，「別」是辨別，也就是明了辨別，叫做唯識。那明了什麼、辨別什麼呢？就是法相！這是在唯識法相上我們先要知道的兩個名詞的概念。

佛法為何不容易明白呢？因為在學習時你必須思惟佛法的義理，然後加以實踐才能產生效果，不能單憑信心。切勿迷信！何謂迷信？信而不解就是迷信。不少佛教徒喜談神通，其實鬼都有神通，更何況佛、菩薩、阿羅漢等聖者？再者，我告誡各位，凡與你講神通者，尤其是講自己有神通的出家人，他已破戒了。戒律中有戒條說明不得隨便講神通的。

大家不要迷信神通。我們學好唯識，明了每個心念，從唯識起觀照，從觀照破除自我執着，不攀緣外境，離一切的妄念、雜染，證悟自性清淨心。此時，你不但自性清淨心顯現，還會產生無量的功德、無比的力量，比神通更殊勝！宋朝柴陵郁禪師開悟時說了一首偈：「我有明珠一顆，久被塵勞關鎖；如今塵盡光生，照破山河萬朵。」此時方為真正的神通，不但能超越生死痛苦，還能徹悟宇宙萬物的真實奧義啊！

六、頌文結構概說

全文共分四章，每章有十二個頌，每頌有七言，共四十八個頌。

在這短短四十八個頌中，玄奘法師以辭簡意賅的文句

說明八識的性質和作用，以方便修行者易於記憶、背誦，

所以此頌是掌握唯識學基本概念的入門手冊。

《八識規矩頌》是唐朝玄奘大師從其所撰的《成唯識論》中擇出精要之著作，全文共分四章，每章有十二個頌，每頌有七言，共四十八個頌。在這短短四十八個頌中，大師以辭簡意賅的文句說明八識的性質和作用，討論八個識（the eight consciousnesses）與一百個法（the one hundred dharmas）的關係，以方便修行者易於記憶、背誦，是掌握唯識學基本概念的入門手冊。倘若你將它背熟，並了解其義理，則以後閱讀唯識學或其他學派的佛典時，對唯識術語就不會覺得陌生，就更容易明白其中理論。現在先將全頌的架構勾畫出來，作概括的簡介，然後依頌文逐一解釋每一識的義理。

1. 頌文：性境現量通三性 …… 三類分身息苦輪。（共十二句）

這十二句頌講前五識 —— 眼識，耳識，鼻識，舌識，身識。

我們以眼、耳、鼻、舌、身，與外界接觸而起心動念，產生內外之間的關係。這互動與它所引發的一切關係形成了很大的力量（業力）。一切善、惡、不善不惡，都是從這種互動中產生的。當前五識與善心所相應的時候，是「善性」；與煩惱心所相應時，是「惡性」；與非善非惡心所相應時，是「無記性」。善性、惡性、無記性這三性，稱為「識性」。一切業力從互動中產生，一念之差，能令你上天堂，或落地獄。我們的眼、耳、鼻、舌、身感官神經系統，內與意識，外與境界互動，經過長期的熏習與重複而產生性格。你的性格，決定你人生的方向，事業的成敗。

2. 頌文：三性三量通三境 …… 觀察圓明照大千。（共十二句）

這十二句頌是講第六識 —— 意識。

表三

性境現量通三性，眼耳身三二地居，徧行別境善十一， 中二大八貪嗔癡。五識同依淨色根，九緣七八好相鄰， 合三離二觀塵世，愚者難分識與根。變相觀空唯後得， 果中猶自不詮真，圓明初發成無漏，三類分身息苦輪。	前五識 眼耳鼻舌身
三性三量通三境，三界輪時易可知，相應心所五十一， 善惡臨時別配之。性界受三恒轉易，根隨信等總相連， 動身發語獨為最，引滿能招業力牽。發起初心歡喜地， 俱生猶自現纏眠，遠行地後純無漏，觀察圓明照大千。	第六識 意識
帶質有覆通情本，隨緣執我量為非，八大徧行別境慧， 貪癡我見慢相隨。恒審思量我相隨，有情日夜鎮昏迷， 四惑八大相應起，六轉呼為染淨依。極喜初心平等性， 無功用行我恒摧，如來現起他受用，十地菩薩所被機。	第七識 末那識
性惟無覆五徧行，界地隨他業力生，二乘不了因迷執， 由此能興論主諍。浩浩三藏不可窮，淵深七浪境為風， 受熏持種根身器，去後來先作主公。不動地前纔捨藏， 金剛道後異熟空，大圓無垢同時發，普照十方塵剎中。	第八識 阿賴耶識

當我們與外界接觸而起心動念，依「意根」（brain）所發的識，是為「意識」。然而我們的意念是如何帶動的呢？為何一時產生善念，一時產生惡念呢？此識徧與五十一個心所相應，故具善、惡、無記三性。但意識是善是惡，抑或無記，是隨着當時的因緣，以及配合的心所，來決定跟善相應，惡相應，還是無記相應。為何人心會生起貪、嗔、癡、殺、盜、淫、妄，驕、諂、狂、無慚、無愧等煩惱？何以隨之而作業，因作業而受報，遂輪迴於生死苦海呢？這全都是由於意念所帶動。所以，各人自己的意念可以帶你作惡，但也可以令你行善，甚至引導你修行，將污染的意識轉為「妙觀察智」，走上超凡入聖之道。

3. 頌文：帶質有覆通情本 …… 十地菩薩所被機。（共十二句）

這十二句頌是講第七識 —— 末那識。

末那識是「我執」識。為什麼「我」生到此世界上，經歷悲、歡、離、合等種種人生現象，結果還是要「老、病、死」呢？這「我」究竟是誰？「未曾生我誰是我？生我之時我是誰？來時歡喜去時悲，合眼朦朧又是誰？」[1] 為何人有我貪、我嗔、我癡、我慢、我疑、我見六個根本煩惱？這些都是來自強烈的自我執着啊！因為第七識恒常與這六個根本煩惱互動相應。我們必須依佛法去修行，將這執我的第七識轉成「平等性智」。

1　節錄自清朝順治皇帝所作的《讚僧詩》。

4. 頌文：性惟無覆五徧行 …… 普照十方塵剎中。（共十二句）

最後這十二句是解釋第八識 —— 阿賴耶識。

人為何會投胎於六道之中[1]？人死後是否一切歸於消滅呢？什麼是業力？倘若人去世時帶着自己的業力延續到下一世，那麼業力如何從此生走到下一生呢？業力是怎樣帶動的呢？眾生怎樣投胎於三界六道輪迴之中呢？為何各人的命運都不同呢？唯識學認為阿賴耶識是輪迴的主體，前世的業力儲存在阿賴耶中，而阿賴耶在今生的顯現，是否只能依於其他識，或者只是心理的活動，或是上天命運的安排？這一切千古的懸疑，都可以從研讀《八識規矩頌》中找到答案。

---

1 六道輪迴包括三善道（天道、人道、阿修羅道）；三惡道（地獄道、餓鬼道、畜生道）。

第二章 正釋頌文

前五識：眼識、耳識、鼻識、舌識、身識

（頌文：性境現量通三性⋯⋯三類分身息苦輪。）

第六識：意識

（頌文：三性三量通三境⋯⋯觀察圓明照大千。）

第七識：末那識

（頌文：帶質有覆通情本⋯⋯十地菩薩所被機。）

第八識：阿賴耶識

（頌文：性惟無覆五徧行⋯⋯普明十方塵剎中。）

一、前五識：眼識、耳識、鼻識、舌識、身識

前五識的頌句是綜合眼、耳、鼻、舌、身五識總說的。為何不各自獨立解釋呢？因為它們的所依、所緣、所量與識性（以後會解釋「依」「緣」「量」「性」的意義）都相同，而且同是對外攀緣的；其作用都是有間斷而非永恒相續，故便於綜合概說。現在開始講解頌句，然後逐句消文解義。頌文曰：

性境現量通三性，眼耳身三二地居，
偏行別境善十一，中二大八貪嗔癡。
五識同依淨色根，九緣七八好相鄰，
合三離二觀塵世，愚者難分識與根。
變相觀空唯後得，果中猶自不詮真，
圓明初發成無漏，三類分身息苦輪。

性境現量通三性

第一頌說「性境現量通三性」。何謂性境、現量、通三性呢？境，是感官與心識所認識的東西，是所緣境（objects of

perception）。性境，以前五識而言，它們所接觸的境，雖然是緣生緣滅的、無常的，但亦是有存在性的，此境稱為「性境」（natural objects as they are perceived in reality），是感官心識所認知的性境。（請勿誤解這「性境」為「有自性」者。須知凡有自性的事物，必是永恒的，不變異的，不依賴因緣而生的，俱獨立、自生、自主、自存性的。但細觀萬物，沒有一樣是有自性的，故曰「無自性」。）

八識所認知了別的境界，唯識學家依其變現塵境性質的不同，分為三種境界，即：性境、帶質境、獨影境。性境者，指現前真實不虛之境（objects as they are in themselves），是境界真實，認知不虛，並未隨意起分別的「真實」之境。何解？我看着眼前的蘋果，蘋果是真實存在的，蘋果就是性境；我看着你，你真實存在，你就是性境，真實現前的性境。各位，我們的眼、耳、鼻、舌、身也會如此。各位現在聽着我講話、見到我，性境就是我，我就是你們的性境，是真實現前的。你的鼻子聞到檀香，檀香是真實現前的，你們鼻子的性境就是檀香。假如你剛吃過橙子，舌頭還是酸的，你舌頭的性境就是酸味。故此，性境者是指具有真實之體與作用。

或者有人會問，認知性境又如何，對我的修行有何益處？可以說得益甚多！此得益，是使你明白哪些境界是不真實的，令你受騙的，有些境界是你從自己的妄念生出來的。每個人都面對外境，不可能對外境沒有作意接觸。講得俗套一些，例如，你打開平板電腦，面對網絡上無窮無盡的資訊，你會選取哪些來閱讀，也就是說你會對什麼性境有興趣呢？你對邪淫的性境有興趣，你就會看不雅之物；你對修行有興趣，你就會選擇聽佛經、讚佛偈、經咒頌唸。選什麼性境，是你自己決定的。因此，作惡、作善是你自己選擇的。是你受境界的牽引而作的。每幕不雅的性境都會映入你的心識中，成為你「藏識」內不良的種子，將來會引動惡業啊！所以，你必須要認識、了解每個境界，辨別它的善與惡，是與非。唯識學，就是教你在日常的生活中，如何了解每一個境界，明白它是性境、獨影境或帶質境（稍後解釋獨影境與帶質境）。不要讓你的感覺盲目地跟着性境走，產生「我愛、我見、我慢、我癡」等煩惱。

前五識所接觸的境界是性境。如眼見花而生眼識，這時只見花，但不分別花之美醜、顏色、香味、名稱等特徵，就是性境。及至第二念起分別、回憶、分析、綜合等妄想之時，為第六意識（梵語：mano-vijñāna，英譯：mind-consciousness or cognition）的作用，則非性境了。我們欲界眾生，心裏必潛在有淫欲的種子，否則你不會投生在欲界中，所以男見女、女見男會生起淫念的境界。當男士見到美麗的女士，或女士見到英俊的男士，從身旁經過時，他（她）的眼識，第一個念頭就是攝取外境的形貌，這就是性境。然而，當他（她）再作微細的分別時，就不再是性境，而是第六意識的分別境了。例如，我是女士，見到一位英俊、高大、威猛的男士，第一念攝取形貌，這是性境。她再作第二念去執着，去分析他形態、衣着、用物、談吐、禮儀等外相。這就是進入妄想分別境了。她心中可能想：「啊，如果他是我的丈夫就好了，或者，我以前的男朋友，像他一樣就好了……」她不斷地走進了分別、妄想的境界。

如果你是出家人，見色而將起淫心，第一念未令你犯戒，因為未起淫欲，不算破戒。第二、第三念你繼續邪想下去，雖未作出淫行，已成為「責心小罪」了！這是菩薩戒的境界。所以《四分律刪繁補闕行事鈔·持犯方軌》說：「獨頭心念，忽起緣非，不名為犯；重緣向念，可得思覺，而不制約，即入犯科」。

在此先講一些學習方法，與大家分享。有些人學習唯識宗的經論，喜歡博覽，什麼都讀，結果什麼都只懂一點。我認為這些學子倒不如先將《八識規矩頌》背誦下來，因為這些偈語原是口訣，背誦時易於牢記，然後再深入了解它的義理。各位都知道，習武者，如學習八段錦、太極拳等，須牢記招式、套路，故初學者常以背誦口訣，牢記招式作習武的訓練。同樣道理：背誦八識的偈語，能令你易於解讀其義理。

現在繼續講第一頌「性境現量通三性」。「性境」已解釋過了。除性境之外，第二是帶質境（objects that are originally derived from direct veridical perception but which end up being falsely perceived）。顧名思義，「帶質」即兼帶（不是全部）外境的實質或解作「相似本質」。例如：黑夜中見到人，以為是鬼，鬼境雖隨心而生，鬼不是人，但亦帶一些人的本質（其形與人有相似之處）。這境與真實的本質不相符，是錯的，因為我所見的不是鬼，是人！就是說，我們所見之境有時是心中錯誤的判斷，是錯覺（表四）。

這頌句間接啟示我們：凡夫的境界往往是自己心中的思惟作用（佛教通常以「妄想分別」稱之）。不是實境。若要知悉為何是妄想，

表四

三境（識的所緣境——認識的對象）

性境

指真實不虛之境，境界真實，認知不虛，並未隨意起分別。前五識所變相分，必與所依託的本質相似。如眼見花生眼識，只是見花，不分別花之美醜，就是性境。及至第二念生起回憶、分析、綜合等思惟時，是意識的作用，則已不是性境了。性境不隨心生，「識」緣境時正見不謬。

帶質境

「帶質」即兼帶（不是全部）境的實質或解作「相似本質」，當心、心所（心的作用）緣境界時，另外生出一想法，與所緣境不符合。此境隨心所生，雖隨心，而必帶一些本質，雖帶本質，但又與本質相違，「識」緣境時謬解不正。例如黑夜見人，執以為鬼，鬼境心生，而必仗人境，人實非鬼，而執是鬼。

獨影境

這境不現前，是憑空憶想「影像」而無所依託的本質，故稱獨影境，唯從心生。例如：思惟過去事，但憑記憶過去，或推比未來，正確則對，否則誤，故通於是非邪正，見解無定。

必須先明了何謂「境」。

第三種境是獨影境（objects that are merely illusion）。這境不真實現前，只是憑空憶想「影像」，沒有本質的相分，故稱獨影境。

何謂獨影境？例如我現在坐着閉目養神，開始什麼都不想。後來看完電視劇後，勾想起自己的前塵往事：「我以前有個女朋友，現移情別戀……我現在看到這齣電影，跟以前所經歷的境界一樣，我真的很憎恨這個女朋友……」；又或：「我……憎恨這個男朋友……我的前夫如何如何壞……」。這時，心中的外境並沒有實際存在，只是自己追憶往事幻想出來的「妄想分別」。

佛法將外面的境界，用三境去分析：性境、帶質境、獨影境。有帶質的，有根本不帶質的，凡夫自己捏造出來的。帶質境，見到人誤以為鬼，二者有相似的質，即「帶質」。「獨影」只是心裏浮現的境界，是凡夫的妄想執着。故此，最麻煩就是獨影境。整天胡思亂想，浮現的都是情緒上的感覺，而又執着它。倘若是「有質獨影」傾向於善的或光明的思考還好些；若是「無質獨影」偏向沒有價值的顛倒夢想，心中產生貪、嗔、癡、殺、盜、淫、妄、驕、嫉、諂、誑、慢、疑等煩惱，你又牢牢地執着它，甚至變為憂鬱、癡狂、失戀、自殺等愚行。這是由獨影境生起的。獨影境甚為危險。大家要注意自己的念頭啊！所以禪宗常說：「活在當下」，即是要時常覺察你現在的心念，不要令它墮入妄見。

人的六根不斷地攀緣外境，心中遂產生種種妄想執着，帶動煩惱的感覺而不自覺地造作一切業：善業、惡業、無記業。真正學佛的人，尤其是善於修禪者，不會輕易被外境影響，心境不隨境界而轉，時常能「迴光返照」，使自心清淨。反之，凡夫的心受外境影響，不斷地隨着自己的感覺在變動，還有五十一個心所（貪、嗔、癡、慢、疑、惡見、忿、恨、惱、覆、誑、諂、憍、害、嫉、慳、無慚、無愧、不信、放逸、昏沉等）帶動這感覺走。各位，須知「本來無一物」，世間一切境緣，都是虛幻不實、名相假立，緣生則聚、緣滅則散。為何不就路還家，返回自已的清淨本然心呢？被感覺帶動你走，會很煩惱！因為那不是你的本體，而是你的獨影境、帶質境，是你的妄心啊！

當六根對塵境時，就會產生相互反應，而「識」亦同時發生作用，即是說：根與塵相對而識生其中。以眼識為例，當眼根對色塵時，眼根攀緣色塵而產生眼識。眼識會產生能量，當你執着時，會產生一個執着的能量。「量」，就是計量、量度、計慮的意思。從能緣（the subject that thinks）方面來講，以心去量境，各人智慧深淺不同，故量出能量的結果亦各自不同。唯識學說這認知的能量（modes of knowledge）有三種：現量、比量、非量（表五）。凡人以怎樣的思惟去認知（或相信）事物呢？（How do we get to believe or know something?）都是依靠這三量（三種認知的方法）。

1. 現量

現量（梵語：pratyakṣa-pramāṇa，英譯：knowledge from immediate, direct perception），必具現前、現有、現顯三個條件。現量是能量所量，皆是現前（present）的，而非過去或未來的、心識

表五

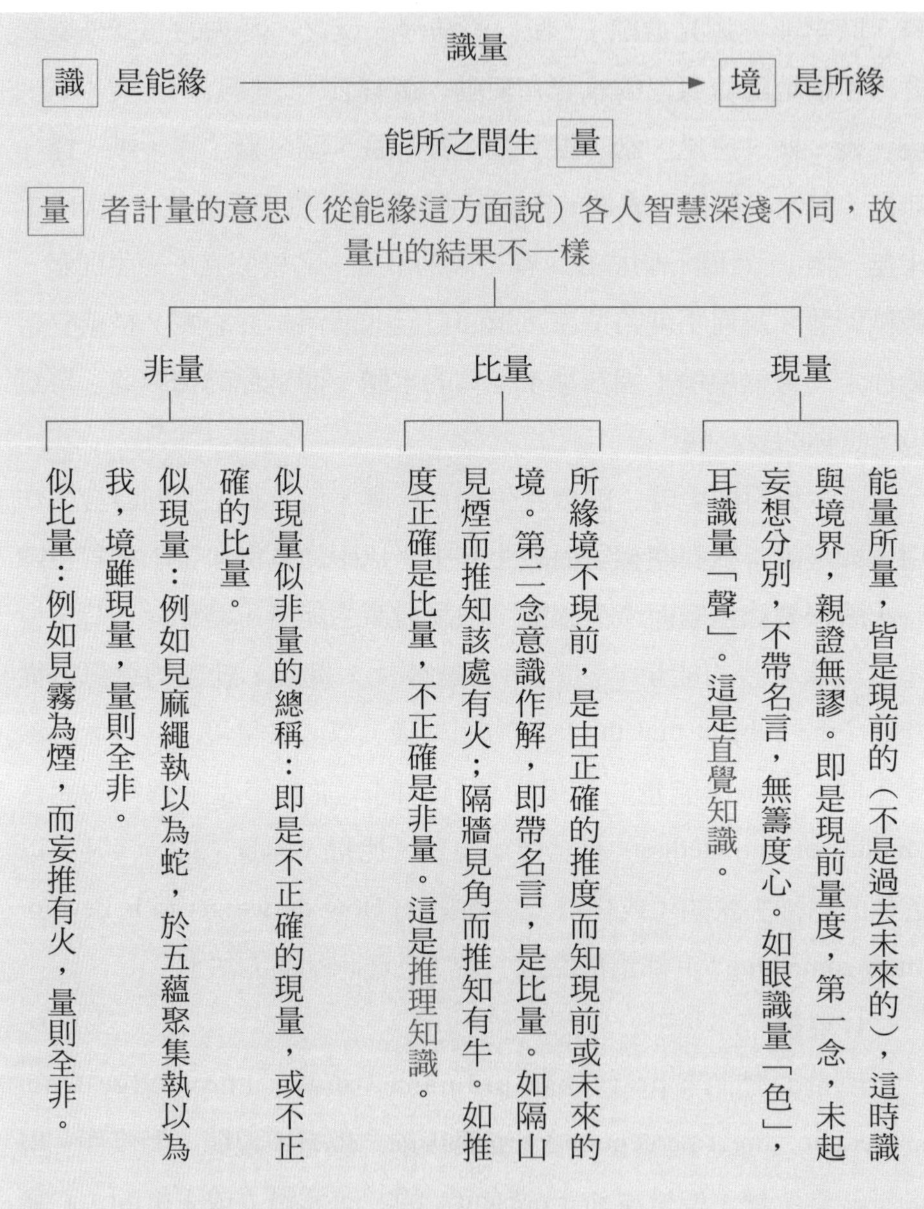
識量
識 是能緣
境 是所緣
能所之間生 量
量 者計量的意思（從能緣這方面說）各人智慧深淺不同，故量出的結果不一樣
現量
比量
非量
能量所量，皆是現前的（不是過去未來的），這時識與境界，親證無謬。即是現前量度，第一念，未起妄想分別，不帶名言，無籌度心。如眼識量「色」，耳識量「聲」。這是直覺知識。
所緣境不現前，是由正確的推度而知現前或未來的境。第二念意識作解，即帶名言，是比量。如隔山見煙而推知該處有火；隔牆見角而推知有牛。如推度正確是比量，不正確是非量。這是推理知識。
似現量似非量的總稱：即是不正確的現量，或不正確的比量。
似現量：例如見麻繩執以為蛇，於五蘊聚集執以為我，境雖現量，量則全非。
似比量：例如見霧為煙，而妄推有火，量則全非。

所了別的外境，必須要顯現在前，即是現前量度。這是第一念，未起妄想分別，不帶名言，種類、隨念、計度分別所獲之量果。能量之心與所量之境，二者俱現前，和合俱有。

如眼識量「色」，耳識量「聲」。全為直覺知識，稱為現量。

2. 比量

比量（梵語：anumāna-pramāṇa，英譯：knowledge from inference），心識所量度的對象（所緣境）不現前，而藉着知識、經驗，由正確的推度而知現前或未來的境。第二念意識作出了別，帶名言，是比量。如隔山見煙，推知該處有火；隔牆見角，推知牆外有牛。此為推理知識。推度正確是比量，推度不正確則為非量。某些時候，眼耳鼻舌身意對外境，不一定是產生現量，亦有可能產生比量。

3. 非量

非量（梵語：hetvabhasa，英譯：knowledge from specious, fallacious reasoning），為似現量、似非量之總稱：即不正確的現量，或不正確的比量。似現量，如見麻繩，執以為蛇；於五蘊（色、受、想、行、識）聚集執以為「我」（即認為我的身心就是「我」），境雖現量，量則全非。

通過現量、比量、非量的分析，你可以知道眾生是怎樣去認知了別一切事物的呢？倘若有人問：「你是如何去認識、相信一件事呢？」我是從現量相信：即是說我見到我爸爸，肯定相信我有爸爸。但我從來沒有見過我的祖父、曾祖父，我要推度才知道我有祖父、曾祖父。此非現量，因不是現前、現有、現顯的存在。但我一定要相信，因為沒有我的曾祖父、祖父怎會有我，此是用推理去相信，是比量。我雖然沒有親眼見過我的曾祖父，但我相信我是有曾祖父的。相信一件事，不一定要親眼見過，可以通過比量去認識。我們說有鬼，你見過嗎？我沒見過鬼，但我相信有鬼。因為我以推理的知識相信有鬼。所以有人問你，你說有輪迴，有佛、菩薩，你見過嗎？我未見過！但我相信這些，我是用比量（推理），亦透過聖教量去思惟分析而相信。以下解釋聖教量。

當然，在現量、比量中，倘若推理不正確，就會得到非量。除此之外，還有聖教量。聖教量是指可信賴之人告知你的，或是通過閱讀歷史上聖者賢人的嘉言懿行獲得的，而人們對此深信不疑。釋迦牟尼佛，這位大智大悟的聖人告知的知識，我信！孔子、孟子、耶穌基督、特蕾莎修女（Mother Teresa），乃至每一位聖賢說的話，只要我認為是可信的，我就會相信。這就是聖教量。我是用推理（inference）方式去接受的。當然每一個人的推理智慧都不同，但「推量」的確是認知的一種重要方式啊！

我們學習過「三量」，如果有人問你，你學習佛法，是根據什麼去相信一件事呢？相信一件事，不一定需要親眼目睹或親耳聽聞，而是可以通過自己的比量（如推理）或聖教量（如聖賢者的遺教）去相信。千萬別說我見過就信，沒見過就不信。周文王、秦始皇、孔子、孫中山，以及第一次世界大戰，你都沒有親眼見過，你可以肯定沒有其人，抹煞其事嗎？反過來說：「看得見」的，也並非都有，如鏡中的像、水中的月。可見，判斷一切事物，不一定要親眼所見，除了親見的現量之外，還可通過比量、聖教量去相信事物啊！

總結來說，前五識，眼耳鼻舌身是以現量認知外境。眼耳鼻舌身五根，去了別色聲香味觸五塵，根境相對，用不着意識思索，就能夠以直覺親證到。這是現量，是直覺知識。比量，是從比度、推理而知，你的眼睛不會推理，是你的意識去推理；鼻子不會推理，是你的意識知道氣味好與不好；你的舌頭也不會去決定味覺的甜、酸、苦、辣，而是靠你的意識去決定的。這是比量，是正確的推理

表六

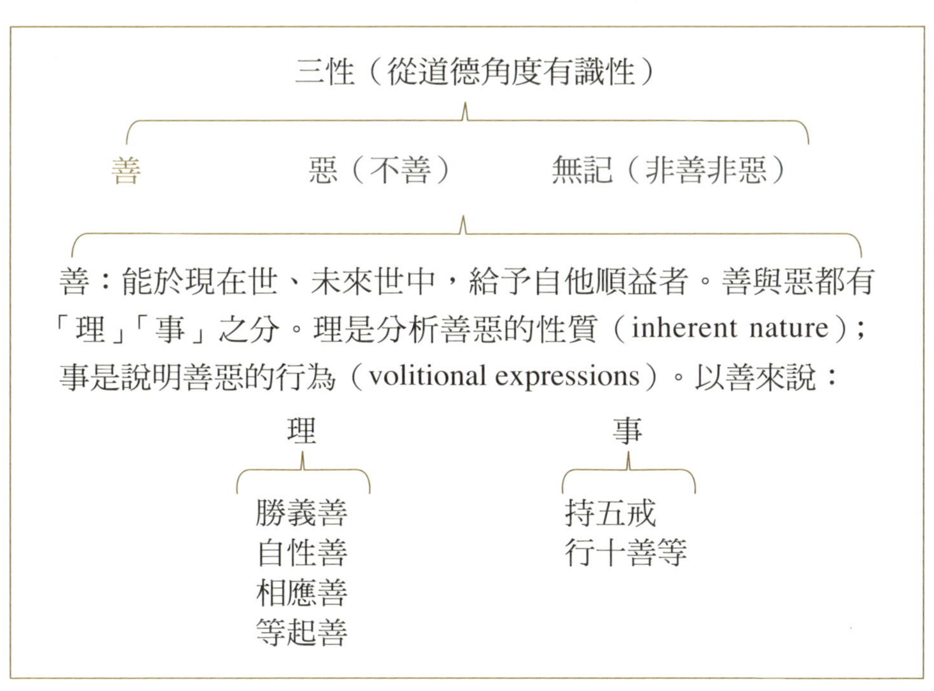

知識。推理如果錯誤，就成為非量了！

唯識學講善惡有三性：善性、惡性、無記性（表六）。善與惡都有「理」「事」之分。「理」是分析善惡的性質，從理論的角度去分析；「事」是說明善惡的行為，從行為的角度去分析。

從「理」的角度來說，善（梵語：kuśala，英譯：wholesome）可以分為：勝義善、自性善、相應善、等起善。勝義善，即此善獲得究竟的解脫，擇滅涅槃。自性善就是慚、愧及無貪、無嗔、無癡、三善根。這善不待他緣相應而起，體性本善，如良藥。就是說，凡夫阿賴耶識有善，稱為自性善。這藏識的種子裏面有否善性，就要靠修行。相應善，是與自性善相應的善心、心所，如水之雜藥。此善與心所相應。每一個心王裏面，有很多心所，猶如每位皇帝，都有很多臣子。八個心王，眼、耳、鼻、舌、身、意、末那和阿賴耶，就有五十一心所助其作善、作惡。相應善，以比喻來說，即是說臣子裏面有善臣、惡臣。善臣與心王相應時就產生善念；惡臣與心王相應時即產生惡念。至於五十一個心所的具體內容，各位必須好好研習。

不善（梵語：akuśala，英譯：unwholesome），或稱為惡（梵語：pāpa），可以分為：勝義不善、自性不善、相應不善、等起不善。至於其義理，請參閱（表七）。

除此之外，還有無記（梵語：avyākṛta，英譯：indeterminate or neutral），也就是不善不惡。如果現在我坐在這裏心中不想善，又不想惡，這就是無記心。無記心有兩種：一種是令你不清淨的無記

表七

識性（從道德角度說善惡性質）

善

勝義善：即真解脫（涅槃）。

自性善：本質的善，即慚愧、無貪、無嗔，無癡三善根，不待他緣相應而起，體性本善，如良藥。

相應善：與自性善相應的善心、心所，如水之雜藥。

等起善：由自性善相應所引起而成為善法，如「飲甘草之汁而生甘美之乳」。

不善

勝義不善：即一切有漏的生死之法，以苦為自性，猶如痼疾。

自性不善：指無慚、無愧、貪、嗔、癡等不善根，其體不善，猶如毒藥。

相應不善：與自性不善相應之心、心所法，如水中摻毒。

等起不善：由自性不善、相應不善等所生起之法，如毒藥汁所引生乳。

無記（非善，非不善）

煩惱微細不顯，不作善，也不作惡，未引異熟果（善惡果報），不能記異熟果，故稱「無記」。此說僅適用於有漏法。

有覆無記：是體非清淨，能隱覆聖道，蔽心性，如身見、邊見等。

無覆無記：是體非善非惡，不會障礙清淨功德，不會隱覆聖道。

表八

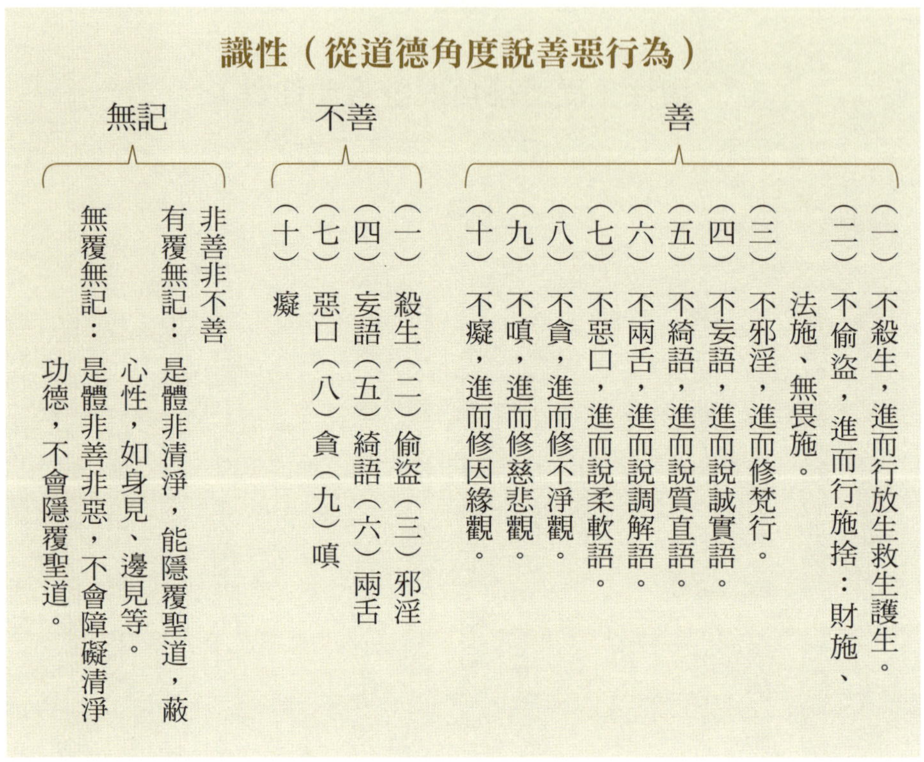

心；一種是令你清淨的無記心。何謂不清淨的無記心呢？我坐在這裏聽經，我不想善，不想惡，但打瞌睡。打瞌睡而已，我並無作惡，然而，這屬於有覆無記，打瞌睡是一種昏沉，覆蔽了真心。此為從理性角度講善惡。

從「事」方面分析，善就是：不殺生、不偷盜、不邪淫、不妄語、不綺語、不兩舌、不惡口、不貪、不嗔、不癡。此是總括而言。其實善事善行（或惡事惡行）的種種類別是無量的，怎能盡述？（表八）

請問你在以上所述的十善中實行過哪些善呢？你有殺生嗎？天天要吃肉，那就是間接殺生啊！非夫妻而行淫就是邪淫，你有沒有做過？如果一位居士有一妻三妾，自稱在禪定中，已得到初禪的喜、樂、心一境性。可信嗎？不可信，因為進入初禪的行者已離欲，不再貪財、色、名、食、睡。脫離淫欲，方可出離欲界，進入色界初禪，所以童真入道，是十分難得的！即使半途出家，雖曾有過淫的行為，但已決定出家斷淫，亦是難得！各位，斷淫欲不易，然而，若能伏住淫欲的心，繼續坐禪入定，就能漸次進入欲界定，未到地定，乃至提升至色界、無色界的所謂「四禪八定」。根據南傳佛法的經典所述，釋迦牟尼佛修禪至色界三禪與四禪間，再進入法界滅盡定而得證無上正等正覺。

不善以殺生、偷盜、邪淫、妄語、綺語、兩舌、惡口、貪、嗔、癡總括了一切。其實，我們所作的惡業無量無邊，只是佛陀在經文裏面歸納為這十種不善，使在家居士易於學習而已。如果是出家人，就不是這樣去歸納了。在家居士只知十個不善，而比丘要知二百五十個不善（即二百五十條比丘戒）。出家人，對不善要作進一步微細的分析，如殺生，分為勸殺、直接殺、間接殺。每條戒都有其開、遮、持、犯、輕、重、懺悔方法等尺度，分析得很精細。對出家人來講，有二百五十比丘戒、三百四十八比丘尼戒。比丘尼戒之前還有式叉摩尼戒，式叉摩尼戒之前還有沙彌尼戒。和尚未出家之前是居士，剃度後要受三壇大戒（沙彌戒、具足戒、菩薩戒）⋯⋯全部是用戒律來規範，要達到止惡行善的效果。

現在簡要地重溫上次所講的內容：「性境現量通三性」，是講前五識，還未講到意識。前五識眼、耳、鼻、舌、身，屬哪一境呢？是性境。性境是現前、真實不虛的，不需要分析、推度的境界。屬哪一量呢？是現量，是現前、現有、現顯、親證無謬、無有虛假的直覺知識。眼耳鼻舌身通哪幾性呢？善、惡、無記都通達，因眼耳鼻舌身可作善，亦可作惡，亦可不與善法、惡法相應，即無記性。

眼耳身三二地居

接着第二句頌：「眼耳身三二地居」。首先，學習唯識必須了解「能緣」和「所緣」。每一個識的產生，必須有主和客。能緣是具有認識作用之主體，所緣就是被認識之客體（表九）。例如，我眼見到這蘋果，眼是能緣，蘋果是所緣。能緣稱為見分，所緣稱為相分；見分就是能見，相分就是所見。這個蘋果，就是我的相分。我見到你，你就是我的相分。而在見分裏亦有自己的分析，故有自證分、證自證分。

自證分、證自證分是能緣的性，就是說眼睛見到蘋果，要確定眼睛所見，必須再用意念去肯定此是蘋果，肯定之中再確定，即作為見證後，再做一個見證。舉個例子，當你用一把尺去量布匹，尺就叫見分，布就是相分。量布者看着尺上所標的兩寸、三寸、四寸、五寸，從而知道其為兩寸、三寸、四寸、五寸長度，是直覺的知道，就是量布者的自證分。再肯定是否三寸、四寸等，就是證自

表九

能緣（subject）	所緣（object）
– 具有認識作用之主體為能緣，是依賴的意思，即表示心識非獨自生起，必依賴外境（客體對象）方能產生作用。	– 被認識之客體為所緣，指認識的對象，為心、心所法生起之因。

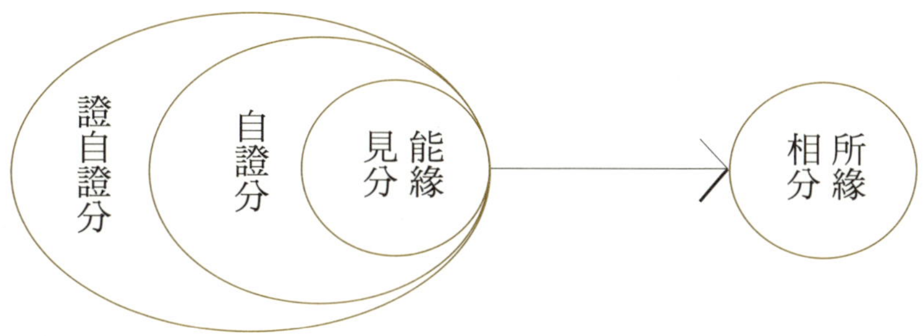

八識心王四分量境

（一） 見分（the subjective aspect – sensory perception of reality）
（二） 相分（the objective aspect – actual reality as it is）
（三） 自證分（the witnessing aspect – cognition of this perception）
（四） 證自證分（the re-witnessing aspect– all other mental processes after cognition）

證分。以量布為例，使我們理解，原來每一件事，只有明了、深入去理解，其正確性才會產生，使之得到正知、正見。

「眼耳身三二地居」是什麼意思呢？我們先要了解何謂「三界九地」？

三界（梵語：trayo dhatavah，英譯：the three realms of existence）是一切有情眾生所居住的範圍，計有欲界、色界、無色界（表十）。我們現處在三界當中的欲界。學佛者都明白，欲界是最

表十

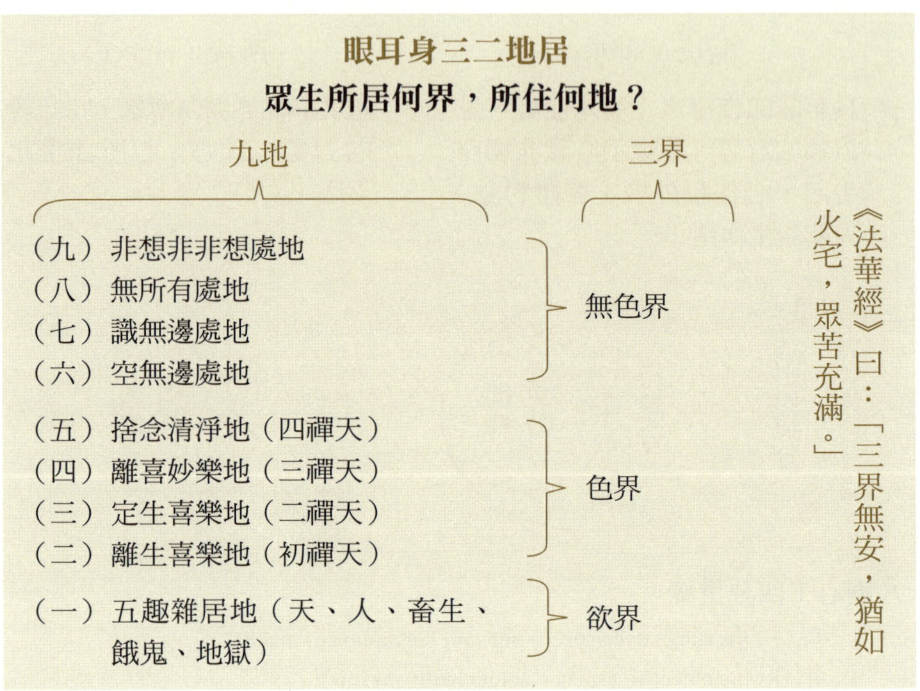

低層界，不要以為「人為萬物之靈」，比人更靈，享樂更高是色界的人，比色界更高是無色界。為何欲界最低呢？因為這裏的眾生有淫欲。淫欲越強的動物越低下，所以，不要說「食色，性也」，色欲會令到我們墮落的。在佛經裏，佛陀啟示我們要修「不淨觀」，對治貪欲心，因為修不淨觀的行者能捨離淫欲。不要以為淫欲是享樂，它不過肉體上短暫的感官刺激（荷爾蒙動力的反應），但它所引起的煩惱與痛苦卻是繁多的。

三界（欲界、色界、無色界）可分為九地：五趣雜居地、離生喜樂地、定生喜樂地、離喜妙樂地、捨念清淨地、空無邊處地、

表十一

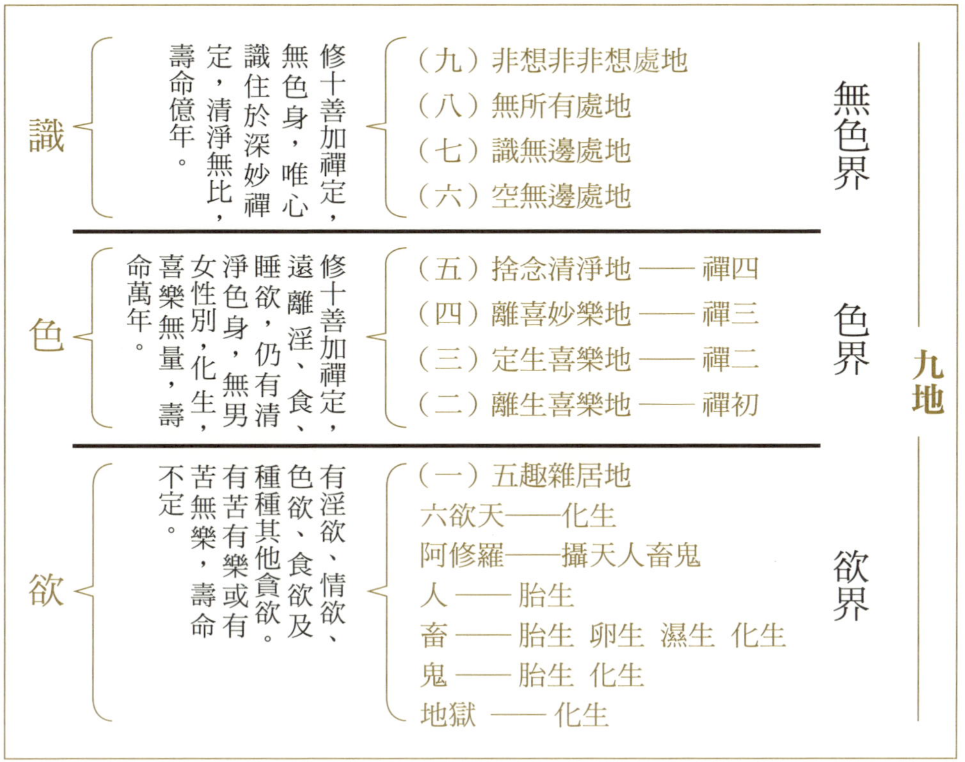

識無邊處地、無所有處地，直到最高的非想非非想處地（表十一）。「地」，是從修行的次第分層次。三界是屬於污染的，換言之：欲界、色界、無色界都是污染的，只是污染的程度各自不同而已。欲界為淫、食二欲都有的眾生所住的世界，污染程度最深。九地之中，欲界五趣雜居為一地；色界有四禪，分為四地；無色界有四空，又分為四地，共為九地。五趣雜居地就是欲界。何謂五趣？大多數佛經說欲界有六趣（俗稱六道輪迴）：天、人、地獄、餓鬼、畜生、阿修羅。本應說「六趣」，但有些經典認為阿修羅這一道通於諸趣（天道有阿修羅，人道有阿修羅，畜道有阿修羅，鬼道有阿修羅，地獄亦有阿修羅，所以不另標一趣為阿修羅，故言五趣）。「五趣雜居地」即是欲界。欲界又有六重天，謂之六欲天。六欲天就是四天王天、忉利天、夜摩天、兜率陀天、化樂天、他化自在天。六欲天的天人都要飲食、結婚，是有男女情欲的。

說到四大天王，在這裏講個題外小故事，與各位分享。四大天王是指佛教的持國、增長、廣目、多聞四大護法神。四大天王是很靈驗的。我認識一位西醫，他是位家庭醫生。這位西醫年輕時，到浙江杭州靈隱寺旅遊，到靈隱寺一進山門見到樣貌威嚴的四大天王，手執各種降魔伏妖的法器，就引起了這年輕人好勝鬥狠的挑衅欲，因為他平時學詠春和洪拳搏擊功夫頗佳。他輕佻地指着四大天王說：「你的相貌威猛，但是打唔打得呀！（廣東俗語有挑衅別人打架之意）」他遊覽靈隱寺後，回到加拿大。第二天，背部開始疼痛，竟痛達三個月之久。他覺得事有蹊蹺，可能涉及神靈，於是致電給居於香港的母親求救，詳告前因後果。母親遂奔往靈隱寺参拜，代兒子懇求神明，誠心懺悔：「我教兒無方，我兒妄語褻瀆神靈，謹此懺悔……」第二天，母親致電兒子，告知已代其向神明懺悔。此時，兒子興奮喜悅地告知母親，背部已全無疼痛了！各位，是真實個案，大家應以此為警惕，在寺院不要亂說話褻瀆護法神靈啊！

「眼耳身三二地居」何解？在第一地（即欲界）所有的五識都起作用。在第二地（初禪天）只有眼、耳、身識起作用，鼻識與舌識都不存在，因為在初禪境界不用「段食」（此食是靠鼻嗅舌嚐的粗食），所以不需要鼻舌二識的作用，這是由於初禪的人是以禪的喜悅為食的，對這些天人來說，我們人間的「段食」要排泄便溺，實在太粗劣了！天人已離淫欲，有淫欲的眾生才需要段食。所以淫欲是有污染性的，可惜世人不覺，誤以為「食色為性」，遂行淫而沉淪於欲界中。真實的修行者，必須修「四念處」之「不淨觀」去除淫欲。

生命的基本現象是「食」，即吃東西。食的方式有段食、觸食、思食、識食四類，佛經稱之為四食，現介紹如下：

段食： 最粗是段食，即我們的早、午、晚餐，用嘴巴一口一口去吃。此食必須通過鼻根與舌根的嗅、味、觸來進行，而且食物的營養被吸收後會變壞，留下渣滓，所以必須從身體排泄出來。凡有淫欲者，必依靠段食生存。離欲的天人則不需段食，故第二地的天人沒有段食之累。

觸食： 受用此食是透過六識與愉悅的境界相觸而成，即是說六識接觸六塵生喜樂，能資益諸根，故名「觸食」。例如天人以禪悅為食。

思食： 第六識思惟可愛之境而生喜樂，能滋養諸根，如心專注於觀賞戲劇等，終日不食，亦不會感到飢餓。這種食在三界都有。

識食： 這是指第八識（阿賴耶識）執持着生命的存在，即是說這識猶如滋養生命存在的食物，能維繫五蘊和合。三界眾生必須以此識而生存。

眾生食的方式各與其生命優劣的層次相應。欲界眾生有財、色、名、食、睡等五欲，尤其淫欲熾盛，層次最低，所以他們所需的食物比較粗劣，以鼻舌根用嗅、嘗、觸的方式進食。意識層次越高，則所需的食物也就越精細，無須用鼻舌識進行。如色界眾生沒有淫欲，以「禪悅」為食，不需段食。當然，無色界常在禪定中，只有識食，其食比色界更微妙精細，不可思議。

請大家先看（表十二），這裏的 1–8 分別代表眼識、耳識、鼻識、舌識、身識、意識、末那識、阿賴耶識。在八識裏面，每地都有相應不同的識。如：無間地獄沒有眼識、耳識、鼻識、舌識、身識，只有意識、末那識及阿賴耶識。就是說，在地獄受苦的眾生，是沒有眼、耳、鼻、舌、身的識，只有部分意識、末那識及阿賴耶識。六欲天、阿修羅、人、鬼、畜道眾生八識都有。修到初禪，就不需要鼻舌兩識，所以，表中第三、第四識是空白的。初禪，因沒有段食，故不需要鼻識、舌識。無段食，就無污穢。人世間很多與食有關的污穢，到了初禪則無此污穢了。從二禪到四禪，則眼、耳、鼻、舌、身前五識都沒有，脫離了欲界的痛苦，只有意識、末那識、阿賴耶識，耽樂於禪悅之中。無色界的眾生，亦脫離了前五識的負累，常在禪定之中。各位從表中可見，越高級的地，八識就越少。到非想非非想處地，只有第八識存在。修到此時，按照佛陀所教的教法，再修「無我」觀，成功了就可脫離三界六道輪迴之苦。

以上講完「性境現量通三性，眼耳身三二地居」，但我們要不嫌其煩，簡略地再重溫其意義：

表十二

識所生之地

九地		八識							
		1	2	3	4	5	6	7	8
（九）非想非非想處地									W
（八）無所有處地							P	W	W
（七）識無邊處地							P	W	W
（六）空無邊處地							P	W	W
（五）四禪（捨念清淨地）							P	W	W
（四）三禪（離喜妙樂地）							P	W	W
（三）二禪（定生喜樂地）							W	W	W
（二）初禪（離生喜樂地）		W	W			W	W	W	W
（一）欲界（五趣雜居地）	六欲天	W	W	W	W	W	W	W	W
	凡夫眾生	W	W	W	W	W	W	W	W
	無間（阿鼻）地獄						P	W	W

註：P 表示部分，W 表示全部。

性境： 一切境界有三類：性境、帶質境、獨影境；前五識所緣的屬於性境（即實境），不是從妄想、計度、揣測而生的境界。

現量： 唯識學指出認識知識的方法有現量、比量、非量；前五識屬於現量（即直覺知識）。

三性： 一切萬有的本性，從道德角度說有善性、惡性、無記性（非善非惡）；而前五識三性都有。

界地： 前五識在三界九地中繫屬於二地，即是欲界的五趣雜居地和色界的離生喜樂地。「眼耳身三」，指的是眼識、耳識、身識。這三識，只有五趣雜居地和離生喜樂地的眾生俱有。到了二禪以上諸地，由於禪定力深，眼耳身三識就不再生起活動了。鼻舌二識只活動於欲界，到色界已不需要了。

徧行別境善十一

《八識規矩頌》的第三頌是「徧行別境善十一」。要明白這句的義理，先要了解什麼是心王與心所（表十三）。

八識（眼識、耳識、鼻識、舌識、身識、意識、末那識、阿賴耶識）均名為「心王」。心王能自主，自發命令，不繫屬於他者。心所不能自主，均繫屬於心王，依心王才能生起，生起之後又與心王一同合作，不離於心。唯識學認為，識是心王，心王好像「君」，心所好像「臣」，有君一定就有臣。

心王雖有八個 —— 八識（眼、耳、鼻、舌、身、意、末那、阿賴耶），然而，活動力最強者是第六識（意識），因為它的屬員最多，共有「五十一個心所」，又名「心所有法」（梵語：caitta，英譯：always active concomitant mental functions），意思就是說這五十一個

表十三

什麼是「心王」「心所」？

— 八識（眼識、耳識、鼻識、舌識、身識、意識、末那識、阿賴耶識）均名為「心王」，能自主，自發命令，不繫屬於他者。

— 心所不能自主，均繫屬於心王，依心王才能生起，生起了又與心王一同合作，不離於心。

— 前五識活動時，並不只是識的活動，還有其他的心所法和他們相應，同時存在，一起合作，一同活動。

— 《入阿毗達論》說：「心所者，與心相應，存於心中。」

— 當心所隨心王同緣一境，同起一時，名為心王與心所相應例如眼看花時，其眼識心王只能了別是花，若同時隨起貪愛此花之心則此貪愛即是心所。這心所隨眼識而生的。

群臣，都是心王所有的屬員。其中作善的有十一個（善心所），作惡的有二十六個（惡心所），也有作用遍及所有識的「徧行」，和特別境界所引起的「別境」各五個心所，還有騎牆派的四個「不定心所」。所以作善、作惡，完全是由這五十一個群臣去代勞分憂。修行者必須控制這五十一個群臣，令作惡的群臣羸弱下來，令作善的群臣發揮力量，止惡行善。最後，所有群臣都變為清淨，八識心王就清淨了。

當前五識活動時，並非只是識的活動，還有內在的心所法[1]與之相應。為什麼稱為「心所法」呢？因為這些心理活動與心王相應，同時俱起，其功用是作為心的對象，支持心的運作；他們是幫助心王去作善或作惡的群臣。故此，修行者必須了解這內心的群臣，進而調伏群臣，不但不讓他們作惡，還要積極行善與精進修行，走上聖者之路。無量的功德、無量的神通、無量的智慧，就在這心王與心所法的互動中產生。阿耨多羅三藐三菩提（梵語：Anuttara-samyak-saṁbodhi，漢譯：無上正等正覺），亦是在這互動中培養出來的。

當心所隨心王同緣一境，同起一時，名為心王與心所相應，則凡夫種種或善或惡或不善不惡的心理活動（如貪、嗔、癡、忿、恨、惱、誑、諂、抑鬱、嫉妒等情緒）亦即應緣而生。例如：眼睛看花時，其眼識心王與眼識互動相應，只能了別是花，但若同時隨之而生起貪愛此花之心，則此貪愛心，就是「貪」心所。

現在繼續講《八識規矩頌》裏的第三頌：「偏行別境善十一」。要了解這句頌，必須先要知道什麼是「百法」。

「百法」是研習佛法者的基本知識。無論你學習哪一宗派，這「百法」是基礎，所以大家要立下決心，讀懂「百法」，則以後閱讀任何佛經，就不會被「名相」（buddhist terminology）難倒了。

《瑜伽師地論》把宇宙所有一切法[2]，歸納為六百六十法。然

1　即是現代心理學所講的心理功能或條件（mental functions or conditions）。據《顯揚聖教論》云：「心所有法者，謂若法從阿賴耶識種子所生，依心所起，與心俱轉相應。」

2　一切法（梵語：sarva dharma），泛指宇宙一切事物、物質、精神以及所有現象的存在。

而，六百六十法對初學的人來說還是太繁複了，世親菩薩（梵語：Vasubandhu）著作《大乘百法明門論》，將這六百六十法，簡化歸納為「百法」（表十四），使修學者易於了解，便於修持。「百法」又分為五位，就是按五個不同的科目將「百法」加以分析，名為「五位百法」。五位就是心法（梵語：citta-dharma，英譯：consciousness）、心所有法（又稱「心所法」，梵語：citta-dharma，英譯：dharmas possessed by the mind）、色法（梵語：rūpa-dharma，英譯：matter/physical existence）、心不相應行法（梵語：citta viprayukta-saṃskāra-dharma，英譯：dharma non-interactive with the mind）和無為法（梵語：asamskrta dharma，英譯：unconditioned dharma）。

先解釋無為法。從一切法的生滅角度來講，整個宇宙基本上分為兩種大法：有為法和無為法。有為法是有因緣（causes and conditions）造作之法，是有生滅的，因緣聚合則生，因緣分散即滅。有為法的生滅使我們認識到一切事物是有生、住、異、滅四相的。所謂生、住、異、滅四相：生相即由無而有（birth）；住相即漸而成長（becoming）；異相即衰老變壞（decaying）；滅相即最終滅亡（death）。此生、住、異、滅四相遷流不息，此滅彼生，此生彼滅，是世間一切事物的因緣生滅法。例如人的身體有生、老、病、死；時節有春、夏、秋、冬，以此理推，凡所有相，皆是無常，總稱有為法。無為法指非因緣造作的理法，也就是超越生滅變化，寂然常住之法，是涅槃、真如的異名。

剛才講過：有因緣造作之法，叫做「有為法」，無因緣造作之法，即叫做「無為法」。在五位百法中（表十四），前面的九十四法，皆是有生滅變異的有為法，最後六法，才是清淨寂滅的無為法，不少經論總稱之為「真如」。真如本來是不變異的，為何又分出六法[1]呢？因為六種中的前五種，是依其原因或作用的角度而說，只有最後的「真如」才是無為法的本體。

有為法與無為法，有何差別？有為法是因緣和合而生的理法，屬於世間有漏法[2]。無為法是超越因緣造作的理法，亦即是超越了生滅變化而常住清淨之法，屬於出世間的無漏法。這是有為法與無為法的一般見識。有為法是從相用（現象，phenomena）方面去觀察宇

---

1 無為法有六種，詳細闡釋請參閱本書第 94 頁：

（一）虛空無為：虛空遍一切處，既是虛空，自然無生滅變化，故名虛空無為；

（二）擇滅無為：擇是揀擇，滅是寂滅，又名涅槃，擇滅無為就是用真正的智慧去選擇佛法，修成涅槃之果，證入無為之境；

（三）非擇滅無為：一切有為法，皆是仗因託緣而生起的，如果沒有能生之緣，或有因而無緣，則畢竟不生，這就是非擇滅的意思。再者，無為法的法性，自體本來清淨，沒有煩惱，既然沒有煩惱，也就用不着去揀擇智慧來滅除，這也就是所謂的非擇滅無為；

（四）不動無為：說的是色界第四禪的禪定情形。佛經說，世界進入壞劫時，發生火水風大三災，動搖全世界，唯有四禪天，火水風三災都不能到達，這種三災不至，煩惱不生所顯現的無為，就叫做不動無為；

（五）想受滅無為：想是想像，受是感受，也就是五蘊中之受、想二蘊，佛教所說的最高禪定叫做滅盡定，又叫做滅受想定，受、想不起了，無為境界就會顯現，這種一切受、想都不生的無為境界，就是想受滅無為；

（六）真如無為：真者真實不虛，如者如常不變，這種既真實不虛而又如常不變的真如理體，就是諸法沒有生滅的無相無不相的真如實相，斷除了我、法二執，才能證得真如無為。（陳義孝編，竺摩法師鑒定，1994，《佛學常見詞彙》，銀川：寧夏人民出版社。）

2 有漏（梵語：sāsrava，英譯：mental afflictions）。為「無漏」之對稱。漏乃流失、漏泄之意，為煩惱之異名。人類由於煩惱所產生之過失、苦果，使人在迷妄的世界中流轉不停，難以脫離生死苦海，故稱為「有漏」；若達到斷滅煩惱之境界，則稱為「無漏」。在四聖諦中，苦諦、集諦屬於迷妄之果與因，為有漏法；滅諦、道諦則為覺悟之果與因，為無漏法。有漏、無漏之法，在修行之因、果當中，具有極重要之地位。

表十四

五位百法

《瑜伽師地論》把宇宙萬法歸納為六百六十法。唯識宗的《大乘百法明門論》將這六百六十法再歸納為百法，又束之以五位，名為「五位百法」

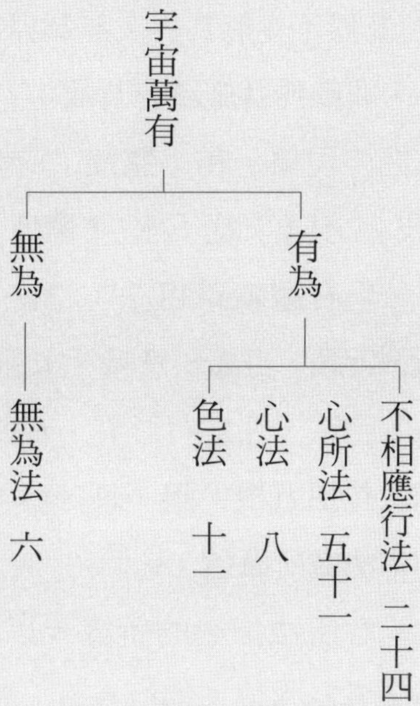

頌曰：

色法十一心法八	19
五十一種心所法	51
二十四種不相應	24
六種無為成百法	6
	100

宇宙萬有
- 無為
  - 無為法　六
- 有為
  - 色法　十一
  - 心法　八
  - 心所法　五十一
  - 不相應行法　二十四

註：「有為」者，一切處於生滅變化的現象，以生、住、異、滅為其特徵，如五蘊即是有為法。「無為」者，涅槃之異名，非由因緣所造，離生滅變化而絕對常住。

宙，無為法是從理體（本體，noumenon）方面去了解宇宙。

若站在「中道實相」義而言，有為法與無為法是不異的，離開有為法就沒有無為法，離開無為法就沒有有為法。《大般若經》云：「有為界不見無為界，無為界不見有為界，何以故？非離有為施設無為，非離無為施設有為故。」無為法是「體性」，有為法是「現象」，試問「現象」和「體性」，焉可各自獨立存在呢？您能夠將海中的「波」（現象）從「水」（體性）裏分出來嗎？

現在繼續講百法：百法裏面，心法有八種：眼識、耳識、鼻識、舌識、身識、意識、末那識、阿賴耶識。這八個心法又名心王。

色法，凡是有形質、有實體的都叫色法（matter）。色法有十一種，包括五根：眼、耳、鼻、舌、身；五塵：色、聲、香、味、觸和「法處所攝色」。

心所法指心的所緣，以及所有與心相應俱起的法，有五十一種，分為六位：徧行有五，別境有五，善有十一，煩惱有六，隨煩惱有二十，不定有四。當心識在運作時，凡與心識同時發生互動的各種法皆可稱為心所法。他們的功用是作為心的對象，支持心的運作。例如：當我們面對一束花的時候，眼識心王緣取花的概觀，心所則不但同時緣取花的概觀，而且能緣是紅、是白、是多、是寡等細相，進而產生貪愛的煩惱；當耳識心王緣取別人聲音發出的責罵，心所則不但同時緣取責罵的內容，且能產生忿怒。

心不相應行法，即與心不相應，但仍然存在的法，是一種非物質、非心的法。換言之：這是一種無論你的心識想或不想它，它都存在的假立法。這是在色、心、心所等法的作用上假立的名稱，所以只要離開色、心、心所，它就會失去其作用。心不相應行法包含三種意義：1. 不是能緣，所以不與心、心所相應；2. 沒有質礙，所以不與色法相應；3. 有生滅，所以不與無為法相應。心不相應行法是第六意識所緣的境界，共分為二十四種，請參閱（表十五）。心不相應行法，的確不易理解，但只要逐步深入鑽研，慢慢積累理解，是一定可以學好的。

如何牢記「百法」呢？我認為最好能背誦口訣，以方便記憶，口訣為：「色法十一，心法八，五十一種心所法，二十四種不相應，六種無為成百法。」

對初學佛者來說，唯識學確實很深，不易理解。但是，倘若你不學懂一些唯識義理，當你涉獵其他佛法經論時，裏面很多精深的佛理就很難明白了。故此，學佛者最基礎的要求是必須懂得唯識學的綱要。如果你只徘徊於愛好聆聽佛教故事、神通感應記錄，就很難在理解義理上有所進步。同學們必須面對唯識學諸多術語而不嫌其煩，孜孜不倦地聆聽，抽絲剝繭地學習，有些基本名相最好能強記背誦，現前用功多些，往後就容易理解，所謂「不經一番寒徹骨，怎得梅花撲鼻香？」

現在繼續講「徧行別境善十一」，宇宙萬法，其數無量，不能一一盡述，必須以歸納的方法加以說明。《瑜伽師地論》把宇宙所有一切法，歸納為六百六十法。世親菩薩的《大乘百法明門論》又將這六百六十法簡化歸納為「百法」，使修學者易於了解，便於修持。

表十五

五位百法

心法（8）	心所有法（51）				色法（11）	心不相應行法（24）		無為法（6）
眼識	徧行	善	煩惱	隨煩惱	眼	得	無常	虛空無為
耳識	觸	信	貪	忿	耳	命根	流轉	擇滅無為
鼻識	作意	慚	嗔	恨	鼻	眾同分	定異	非擇滅無為
舌識	受	愧	癡	覆	舌	異生性	相應	不動滅無為
身識	思	無貪	慢	惱	身	無想定	勢速	想受滅無為
意識	想	無嗔	疑	嫉	色	滅盡定	次第	真如無為
末那識	別境	無癡	惡見	慳	聲	無想果	方	
阿賴耶識	欲	精進		誑	香	名身	時	
	勝解	輕安	不定	諂	味	句身	數	
	念	不放逸	悔	害	觸	文身	和合	
	定	行捨	眠	憍	法處	生	性	
	慧	不害	尋	無慚	所攝	住	不和合	
			伺	無愧	色	老	性	
				掉舉				
				昏沉				
				不信				
				懈怠				
				放逸				
				失念				
				散亂				
				不正知				

「百法」又束之以五位，按五個不同科目將「百法」加以分析，名為「五位百法」。五位就是心法、心所有法、色法、心不相應行法和無為法。這頌句「徧行別境善十一」中的徧行、別境、善，都是百法內心所有法中的三種。若要明白這頌句，必須了解百法。心法是百法之首要，現解釋如下：

一、心法

心法（梵語：citta-dharma，英譯：consciousness），心法是人的精神主體，共有八種，亦名「八識心王」：眼識、耳識、鼻識、舌識、身識、意識、末那識和阿賴耶識。前五識其實就是生理學上所稱的五種感覺器官神經系統。第六意識是各人心理綜合的互動中心。第七識末那識是與生俱來的「我執」識，是意識所依的根。第八識阿賴耶識，是宇宙萬法的本源，一切皆由此識而生。

若以一家公司作為譬喻，前五識好比在前線的推銷員一樣，他們的責任是與外界接觸（即前五識：眼耳鼻舌身；攀緣外境：色聲香味觸）。他們背後還有總經理（即第六意識），管理與統攝一切活動。總經理不單只監督和聯繫推銷員，還要分析很多現在的文件、翻查過去的檔案、預算未來的計劃。他的工作範圍既複雜且繁忙，猶如第六意識，是各人心理活動的綜合經理。前五識中任何一識發生作用，它都與之同時俱起，以發揮其「了解」與「分別」的功能，這名為「五俱意識」。前五識休息時，意識也不休息，它獨自在思考、回憶、構想，甚至於睡夢中也單獨發生作用，這叫做「獨頭意識」。

一個機構內部，不單要有推銷員、經理，還要有董事會，以此來比喻第七「末那識」。末那識是意識的根，意識是由它而生的，好比總經理是由董事會聘請的，所以他處處維護董事們的利益。末那識是一種單純的直覺作用，這直覺就是「我執」。這「我執」衍生我愛、我見、我慢、我癡。若以董事會比喻末那識：董事們的「我執」非常強，只着重公司經營的利潤。總之，董事們不管如何，就是要賺錢，公司股票升值就行了，這就是末那識，它恒審思量，執着自我，一切自私自利的思想都是由這末那識發出的。

何謂阿賴耶識？它又名「藏識」，藏有宇宙萬法的種子，是世界和眾生的本源，也是輪迴的主體，解脫的依據。若以公司為例，阿賴耶識為整個公司系統裏面的本體。公司的推銷員、經理、董事會，乃至公司的政策、經營理念、規矩，以及公司從零開始儲存的所有檔案，公司所有的一切，就是阿賴耶識。

上述的譬喻使我們明白，每個人的身心猶如一家公司的縮影。然而，當你要真正徹底了解一間公司時，只從推銷員（前五識）的角度來觀察，是很片面的，即使是從總經理（意識）、董事會（末那識）的角度來觀察，亦是很片面的。要真正了解一間公司，必須全面、整體觀察其種種關係，經過分析、歸納、綜合，方可徹底了知其真實情況。我們能看通萬法的「實相」嗎？難矣！釋迦牟尼佛看通了諸法實相，看透了身心八識的來龍去脈，它的運作，它的過去、現在、未來，它生住異滅的過程，從而教導眾生怎樣修行，轉迷惑的八識成為徹悟的正智，超凡入聖，成就無上正等正覺。

表十六

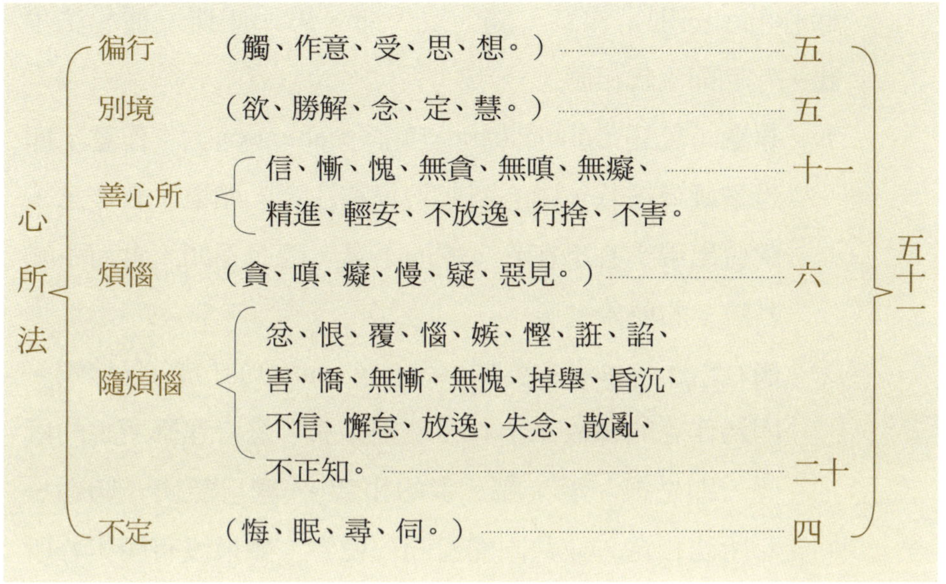

這句頌的「偏行」「別境」「善」都屬於「心所有法」。上次講完唯識學：「五位百法」中的「心法」，現在講「心所有法」。（表十六）

二、心所有法

心所有法，是「心王所有之法」，它是 1. 隨心而起；2. 與心相應；3. 屬於心王所有，計有六類，共五十一種之多。這六類是「偏行」「別境」「善」「煩惱」「隨煩惱」「不定」。

（一）　**偏行**（梵語：sarvatraga，英譯：all-pervading）：是指普遍存在於諸識中的心理活動，通善、惡、無記三性，通心法八識，也通三界九地。它偏行一切時，一切識的活動。它有五個心所，分別是作意、觸、受、想、思。任何一種心法生起，它們即生起相應。

1. **作意**（梵語：manaskāra，英譯：attention）：「作意」即是攀緣外境時，內心引起警覺和注意。如果沒有作意，就會出現「心不在焉，視而不見，聽而不聞，食而不知其味」的現象。

2. **觸**（梵語：sparśa，英譯：sensory contact）：「觸」是接觸，因為作意的緣故，全心與境相接觸。是心理學所說的感覺，即是根、境、識三者的和合。「觸」能使一切心、心所法和合，並共同觸對同一境界。如果沒有觸與心所的互動，就各自離散，不能同緣一境。

3. **受**（梵語：vedānā，英譯：feeling）：「受」是感受，心與境接觸時，對順境產生「樂」受，對逆境產生「苦」受，對非順非逆境產生非苦非樂的「無記」受。

4. **想**（梵語：saṃjñā，英譯：preception / cognition）：「想」即是「於境取像」（註：「像」的範圍很廣，既包括外在的色、聲、香、味、觸等五境之像，也包括純粹屬於內心的法塵影像 images from recollection and imagination）。感覺到境像時，取其形像以生認識，所以這想心所的作用不只是單純地取像，同時還有對影像進行思惟、判斷，再施設以名稱和安立表達事物的言語，例如眼睛見到花，認識其形像，安立並表達於言語：「這是花」。因此，想心所，不僅是表像和知覺，也與思惟和概念有關，其實它貫穿了整個認知的過程。

5. **思**（梵語：cetanā，英譯：volition）：指「造作」的意志。它有推動其他心所造作善惡業的重要作用，為身語意三業的原動力。思可分為三種：審慮思、決定思和動發思。「審慮思」是指在做某件事之前的審察思慮，審慮後，決定其意，稱為「決定思」。決定之後，進一步發動身、語二業去造作，稱為「動發思」。

（二） **別境**（梵語：viśesya，英譯：specific mental function）：別境不是周徧（general）而行的，而是對某些特定（specific）的外境而生起的五種心所，通於善、惡、無記三性及三界九地而起，具一切性與一切地二義，而無一切時與一切識之二義：

1. **欲**（梵語：chanda，英譯：desire）：對某些樂境生起希望的願求，對於有所愛樂的境界，希望它能夠持久，對於有所厭惡的境界，希望它早日消失，所以這「欲」心所有善有惡，有染有淨之分。如果要發願修行聖道，是淨欲；倘若要追求財色名食睡，是染欲。

2. **勝解**（梵語：adhimokṣa，英譯：confident resolve）：對願求的外境，生起決心去理解，認為必定如此而做，稱為「勝解」。閣下此刻聽經，是「欲」（即願求知佛法的意欲），想去理解《八識規矩頌》，而且想達到一種頗為殊勝的理解，此刻，閣下在別境裏面已經產生了勝解的心所。你有個欲念，想明白經文的義理，這是善的欲念；你想懂得佛學的邏輯推理，幫助自己的修行，此為勝解。反之，若沒聽經，怎會有勝解呢？或者在發呆或昏沉，甚至在打瞌睡，那就沒有求佛理的欲念，而又不想理解，何來有勝解？可見，此為別境，不是每一境都會令你產生「欲」與「勝解」的。

3. **念**（梵語：smṛti，英譯：memory / mindfulness）：對過去事令心銘記不忘，叫做「念」。你現正聽觀成法師講經，忽又想起昨天聽另一位法師講經，原來兩位法師的解釋都是一樣的，唯識學是這樣這樣的，當時就產生了勝解，現在亦憶念不忘。

4. **定**（梵語：samādhi，英譯：meditative concentration）：緣專注境令心不散，稱為「定」，定就是很專注。比如各位在聽經，這別境未必會產生定。若你坐在這裏，卻根本不知道法師在講什麼，腦子裏想的是還沒吃飯、今晚去哪裏吃宵夜。這就是心不能專注繫於一境。只有專注聽經，其他事不想，專注心生起而不散亂才會產生定。

5. **慧**（梵語：prajñā，英譯：discernment / intelligence）：緣所觀境，觀察而作出抉擇，稱為「慧」。各位雖身處講堂聽經，但未必有這些別境，因為有些人未必有聽經的欲望，未必有決心去了解佛法，只是逢場作戲，或為捧場、為應酬而來，或為遵母囑而來，甚至有人因不知講什麼而打瞌睡。這欲、勝解、念、定、慧五個別境心所，不是絕對地不能俱起，有時不俱，有時亦俱，緣各別的心態與境相而得生起。

（三） **善**（梵語：kuśala，英譯：wholesome mental functions）善法是心離愆惡，順益世人。這有十一種善：信、慚、愧、無貪、無嗔、無癡、精進、輕安、不放逸、行捨、不害。

1. **信**（梵語：śraddhā，英譯：faith / trust）：相信佛法僧三寶的清淨功德，相信一切眾生有修行成佛的能力。《華嚴經》云：「信為道源功德母，長養一切諸善根。」凡有深切真實的正信，確信佛陀於三藏（經、律、論）所闡述的道理者，則能生出一切善法。
2. **慚**（梵語：hrī，英譯：shame）：「慚」就是羞恥，做了壞事心生自責感。
3. **愧**（梵語：apatrāpya，英譯：embarrassment）：常與「慚」連用，做了壞事心生畏怯，恐自己名譽受損，無顏見人。
4. **無貪**（梵語：alobha，英譯：abstinence from greed）：不貪求世俗的財、色、名、食、睡；將自己之所有惠施於人。
5. **無嗔**（梵語：apratigha，英譯：abstinence from hatred）：

逆境當前心生惡念者曰「嗔」，反之慈愍待人曰「無嗔」。

6. **無癡**（梵語：amoha，英譯：abstinence from delusion）：明白事理，了解佛法，其功用是對治愚昧，多作善行。
7. **精進**（梵語：vīrya，英譯：vigor）：對善法努力不懈名為「精進」，也就是努力學佛，斷惡、修善、度眾生。
8. **輕安**（梵語：prasrabdhi，英譯：serenity）：由於無貪、無嗔、無癡，煩惱減輕，身心輕快調順而安樂。
9. **不放逸**（梵語：apramāda，英譯：diligence）：止息惡行，增修善法，逐步達到無貪、無嗔、無癡的境界。這時行者精進修行。
10. **行捨**（梵語：upeksa，英譯：equanimity）：內心平等正直，不計較功用得失，捨去色、聲、香、味雜染法而不為所動，曰「行捨」。
11. **不害**（梵語：ahiṃsā，英譯：non-harmfulness）：不損害或怨惱眾生，且強調同情、愛護的善意。

（四）**煩惱心所**（梵語：klesa，英譯：mental afflictions）

煩者煩擾，惱者惱亂。煩擾惱亂人心者，稱為「煩惱」。煩惱心所有六種：貪、嗔、癡、慢、疑、惡見，此六者又稱為「根本煩惱心所」。

1. **貪**（梵語：rāga，英譯：greediness）：「貪」包括一切自私的欲念、渴求、執着與執取。貪者永無滿足感。
2. **嗔**（梵語：pratigha，英譯：aversion）：對於違逆我者，

心含忿恨憤怒，包括了一切及各程度的反感、惡念、生氣、煩躁、惱怒等感覺。

3. **癡**（梵語：mūḍha，英譯：stupidity）：愚昧不明，以非為是，行為顛倒。《成唯識論》曰：「云何為癡，於諸理事，迷闇為性。」

4. **慢**（梵語：māna，英譯：arrogance）：「慢」的特徵是驕傲，自稱自讚，自以為比別人優勝。

5. **疑**（梵語：vicikitsā，英譯：doubt）：對真理懷疑不定，縱使經過思惟後生信念，其信不定，間亦產生猶豫。

6. **惡見**（梵語：mithyā-dṛṣṭi，英譯：erroneous views）：又名為「不正見」「邪見」。《成唯識論》曰：「云何惡見，於諸諦理，顛倒推求，染慧為性，能障善見，招苦為業。」這不正見又分為身見、邊見、邪見、見取見、戒禁取見等五種。

（五） **隨煩惱心所**（梵語：upaklesa，英譯：secondary mental afflictions）

是指隨根本煩惱而起的煩惱，共二十種，依作用範圍又可分「小隨煩惱」「中隨煩惱」「大隨煩惱」。

小隨煩惱有十種：

1. **忿**（梵語：krodha，英譯：anger）：遇到違逆之事，心生忿怒。

2. **恨**（梵語：upanāha，英譯：enmity）：忿怒之後，記恨

在心，伺機報復。

3. **覆**（梵語：mrakṣa，英譯：concealment of own faults）：即恐名譽將墮而隱藏自己之過惡，不發露悔過自己的行為。

4. **惱**（梵語：pradāśa，英譯：verbal maliciousness）：常懷侵撓之心，使人不安。

5. **嫉**（梵語：īraṣya，英譯：envy）：見他人比自己優勝，心生妒忌。

6. **慳**（梵語：mātsarya，英譯：parsimony）：慳是吝嗇，不肯將自己的世間貲財及出世間法財惠施別人。

7. **誑**（梵語：śāṭhya，英譯：deceit）：為顯示自己比別人優勝，矯言妄語，欺詐別人。

8. **諂**（梵語：māyā，英譯：flattery）：以巧言佞色取悅別人，即是恭維巴結，使其親厚自己。

9. **害**（梵語：vihiṃsā，英譯：harmfulness）：害是傷害，即無慈憫之心，而作傷害之行。

10. **憍**（梵語：mada，英譯：conceit）：重己輕人，心恃高舉，無所忌憚，無謙讓之德。

中隨煩惱有兩種：

1. **無慚**（梵語：āhrīkya，英譯：shamelessness）：對做過的「錯事」不感到羞恥，不怕因果，不會自譴自責，隨時有再犯的可能，此為無慚。

2. **無愧**（梵語：anapatrāpya，英譯：non-embarrassment）：對做過的「錯事」不怕有社會公義的譴責，不感到羞恥，隨時有再犯的可能，此為無愧。

關於無慚、無愧這兩種隨煩惱心所，我想再多講幾句。無慚、無愧的人，不敢勇於認錯，或不肯認錯，抱着「衰就衰下去、死就死」的錯誤觀點。他們犯錯甚至犯罪，亦無慚愧之心，完全不感到慚愧，這樣的人該怎麼救呢？這類人確是較難救的。然而，大多數人犯錯是有慚愧心的。無論是你的朋友、同事、學生、子女、丈夫，還是妻子，如果他們犯了錯，但肯認錯，就是善行。倘若犯錯的人有慚愧心，大家必須原諒他們，接受他們的懺悔。在「菩薩戒」內，亦列明若有犯錯之人向你懺悔，如果你已經受了菩薩戒，但不肯原諒他，即屬犯戒。接受懺悔為慈悲的一面，是給予犯戒者改過自新的無上良藥。懺悔，使犯戒者免於久處罪惡中，而能自拔。所以，如果有人做錯事、犯戒，而向你懺悔，你必須要接受他、鼓勵他，並叮囑他切勿再犯！

大隨煩惱共八種：是恒常與染污心相應的煩惱。

1. **掉舉**（梵語：auddhatya，英譯：restlessness）：此為令心浮動不安的精神作用。思想猶如鐘擺一樣，來來回回；思想又像一隻猴在樹上攀來攀去，不能停下來。身掉舉則亂動；口掉舉則亂言；意掉舉則亂思。

2. **昏沉**（梵語：styāna，英譯：torpor）：神識昏鈍，身心沉迷，懵然無知，喪失進取心。

3. **不信**（梵語：āśraddhya，英譯：lack of faith / trust）：沒有堅定純潔的信仰，不信有因果報應、業力輪迴，不信佛理為真實不虛的，不信三寶，不信一切善法。有些人不信善法，自己喜歡做什麼就去做，只要自己開心，甚至作惡也行，滿腦子幾乎全是惡念，揚言「就算我死掉也要享受」：眼執著於美麗的東西，邪淫的也沒有關係；耳喜聽別人的稱讚，批評一句也不行；鼻要聞鮮味，不惜殺生食肉；舌要談論是非，不惜毀謗別人……有些人就是如此昏昧，不明事理因果。

4. **懈怠**（梵語：kausīdya，英譯：laziness）：於修行懶惰不精進，不積極止惡行善，虛度光陰。

5. **放逸**（梵語：pramāda，英譯：indolence）：不但懶於修行，且放縱身心於逸樂。

6. **失念**（梵語：musita-smṛtitā，英譯：forgetfulness）：靜坐時於所緣境不能明記。既不是昏沉或掉舉，亦不是散亂，只是所緣境不大明了顯現；就日常行為來說的失念，即是容易忘失善念。

7. **散亂**（梵語：vikṣepa，英譯：distraction）：散亂的意思是思想不集中，念頭散漫，沒有一定的方向和目標。

8. **不正知**（梵語：a-saṃprajanya，英譯：misapprehension/

incorrect knowing)：對所觀察的事物，有種種錯誤的見解，如靜坐時何時應修止？ 何時應修觀？ 將「失念」誤解為「無念」或得「欲界定」後誤解為「色界定」等。

以上八種煩惱是隨六種根本煩惱而生起的枝末煩惱，因為這些煩惱的性質沉重，故名大隨煩惱。

在這裏我們要重溫心所法：它包括 1. 五種偏行心所；2. 五種別境心所；3. 十一種善心所；4. 六種煩惱心所；5. 二十種隨煩惱心所。這心所法最後還有四種不定心所。

（六） **不定心所**（梵語：avyākrta，英譯：indeterminate）

何謂「不定」？《大乘百法明門論直解》云：「不定是善，不定是煩惱，不定遍一切心，不定遍一切地，故名不定。」，即是說：這不定心所，不一定是善性，不一定是惡性，不一定遍及一切心王、心所，不一定遍及三界九地，故立「不定」之名。此有四種：悔、眠、尋、伺。

1. **悔**（梵語：kaukṛtya，英譯：remorse）：即追悔，分善惡法兩種。對自己所做的善事，或未能做成的惡事感到後悔，即是惡法；對自己所做的惡事，或尚未做的善事感到後悔，即是善法。

2. **眠**（梵語：middha，英譯：drowsiness）：即睡眠。為調節身心的適當睡眠，就是善法；若睡眠無度，懈怠放逸，就是惡法。

3. **尋**（梵語：vitarka，英譯：discursive reflection）：是一種

對事理粗略的思考。若思善法便屬善，思惡法便屬惡法。

4. **伺**（梵語：vicāra，英譯：investigation）：是一種對事理細密的思考。若思善法便屬善，思惡法則屬惡法。

百法已解釋過心法、心所有法。現在繼續講色法，心不相應行法和無為法。

三、色法（梵語：rūpa-dharma，英譯：physical existence）

泛指一切有情識（如人、獸等）或無情識（如山河大地、金屬礦石等）的物質現象。凡是佔有空間，具有質量，會變壞，有質礙的東西皆名為色法。色法森羅萬象，不能盡述。色法的來源是如來藏性，由地、水、火、風四大而成。眼、耳、鼻、舌、身、意是由四大和合而成；色、聲、香、味、觸、法也是從這四大產生的。這地水火風四大元素充滿法界，所以在法界裏面，它們是互遍互容的。在我們肉眼看來，水火是不相容的，可是在法界內，水（濕性）、火（暖性）、風（動性）、地（堅性）全都周遍法界。就以身體作例來說：血汗屬濕、體溫屬火、呼吸屬風、皮肉筋骨屬地。

《大乘百法明門論解》卷二：「色法略有十一種：言色者，有質礙之色，有顏色之色，所依之根唯五，所緣之境則六」。即是說從有情眾生的觀點看色法有十一種，包括五根、五境和法處所攝色：眼、耳、鼻、舌、身（即五根）；色、聲、香、味、觸（五境）；法處所攝色。

（一） **眼根**（梵語：cakṣur-indriya，英譯：eye）：眼根對色境（matters）時產生眼識（visual consciousness），了別色境。

（二） **耳根**（梵語：śrotrendriya，英譯：ear）：耳根對聲境（sound）時產生耳識（auditory consciousness），了別聲境。

（三） **鼻根**（梵語：ghrāṇendriya，英譯：nose）：鼻根對香境（smell）時產生鼻識（odor consciousness），了別香境。

（四） **舌根**（梵語：jihvendriya，英譯：tongue）：舌根對味境（taste）時產生舌識（taste consciousness），了別味境。

（五） **身根**（梵語：kāyendriya，英譯：body）：身根對觸境（tactility）時產生身識（tactile consciousness），了別觸境。

這是內五根的色法，眼、耳、鼻、舌、身，都是四大所合成的，所以是色法。為什麼不說意根是色法呢？因為六根中的意根是無色根，是心法，不是物質。

（六） **色境**（梵語：rūpa，英譯：form/visible form）：是眼根所對，眼識所執之境，有三類：一為顯色，如青、黃、赤、白、光影、明暗、煙、塵、雲、霧等；二為形色，如長、短、方、圓、粗、細、高、下、正、斜等；三為無表色，如取、捨、屈、伸、行、住、坐、臥等。

（七） **聲境**（梵語：śabda，英譯：sound）：凡動必有聲，當耳根對之，耳識緣之時，自然了別其聲相，如一切語言、風聲、雨聲、雷聲、鐘鼓聲、順意聲、逆意聲、聖言語、非聖言語、諸物共成聲、單物發出聲等等，其類繁多。初學者不宜於此細分其類，待日後深入研習唯識時，再作詳細分析可也。

（八） **香境**（梵語：gandha，英譯：smell）：是鼻根所對，鼻識所執之境，有六類：一為好香，如沉檀之香；二為惡香，如蒜、韭等；三為平等香，如土石無所損益之香；四為俱生香，如旃檀與本質俱時而生之香；五為和合香，如人工所造之香；六為變異香，如水果熟透時所增加之香。

（九） **味境**（梵語：rasa，英譯：taste）：是舌根所對，舌識所執之境，有苦、酸、甘、辛、鹹、淡六味。

（十） **觸境**（梵語：spraṣṭaya，英譯：touch / interaction）：是身根所對，身識所緣之境。四大元素地、水、火、風是能造之觸，所造之觸有輕、重、澀、滑、緩、急、冷、暖、硬、軟等二十餘種。

（十一）**法處所攝色**（梵語：dharmāyatanaparyāpannaṃ rūpam，英譯：thought-objects）：法處是意識所緣之境，由於它並無質相，所以五根不能領納，計有五種：

（1） 極略色，略者極微細，所以五根不能領納，如科學家所研究的原子（atom）、電子（electron）、質子（proton）、中子（neutron），這些極略色不停地生滅，是一般能量的振動，只有意識才可領納。

（2） 極迴色，迴者極遠而難見難聽，只有意識才可感受。

（3） 受所引色，受者領受而納於心為體，外相不顯故，亦名心法，如受戒時納受於心的「戒體」，登壇受戒時，有三師七證，受戒者如理作意地領受戒律，在動作，言語上受了感動，由「 有作戒體 」（the ceremony）

變成心中的「 無作戒體」（spontaneous and deep-rooted precept security），在思心所上產生了防非止惡的功能。這種作用就是「 無表色」（ 即警戒性的無作戒體）。以後當這受戒者生起作惡犯戒的念頭時，這心中的「 無作戒體」會引起警號，制惡令不生。這功能不同於有表色的作用，是無表色，是第六意識的「 思心所」所引發的。

（4） 定所引色，即由自己禪定所變現出之色法，如八地以上之菩薩，為攝化有情，以威德力，變土砂為金、銀、魚、米等，供眾生享用。又例如阿羅漢顯神通入「 火光定」，身上出火，身下出水。火與水是從定力引生而來的。這是第八識中的含藏的地水火風種子，是第八識所變現的。

（5） 徧計所執色，謂依獨散意識之虛妄分別，所變起之空華、水月、龜毛、兔角這四種色法是無質之色，為五根所不能領納，僅是意識所緣的對象，但唯識學亦包括這法處所攝色為色法。

四、心不相應行法（梵語：citta-viprayukta-saṃskāra-dharma，英譯：dharma non-interactive with the mind）

這法比較難懂，需要多一些時間解釋。先要明白：「如何謂之與心相應」？若某法與「心相應」必須具足四種條件：

1. **同時**：心所與心王同時起；

2. **同依**：心所與心王同所依之根，如心王依眼根，則此心所亦必須是依眼根而起，而非依其他根；

3. **同緣**：心所與心王所緣之境相同；

4. **同自證分**：心所與心王同一自證分體。

若同時、同依、同緣、同自證分，即是與心王相應。

現在講這「心不相應行法」，不具有以上所說的條件（即是不同時、不同依、不同緣、不同自證分）。它們是依心、其他心所、色法三位假設而立的。若離開了心、心所，此假法就失去了作用。再具體些說，這假法有以下特徵：

1. 它們既非「所緣」，亦非「能緣」。它們不是能令心王去「了別」和「思慮」的所緣境；
2. 與色法不相應，因為它們沒有質礙性（非物質故）；
3. 與無為法不相應，因為它們是有生有滅的（無為法是不生不滅的）；
4. 雖與心、心所不相應，但一旦離開心、心所，它們就失去了作用。

心不相應行法有二十四種：

1. **得**（梵語：prāpti，英譯：acquisition / accrual）：「得」者，是依於自己所造作成就的心、心所、色三法假設而有。譬如說：受戒者在受戒儀式中其心虔誠，得了「無作戒體」。這是指受戒的種種因緣成立而得到此戒體，離開了心、心所則不能成立，不是另有一「得戒」的體性。

這「無作戒體」不需要如理作意（心識）才生起防非止惡的功能，所以這「得戒」不與心、心所、色法相應。這「得」不一定與心王同時而起，不會有同依之根，亦沒有同一決定的所緣境（因這戒體不是色法），自證分也不一定相同。如五蘊假合，名之為「我」，並沒有一個我所「得」。如是觀一切法假名安立，名為「假觀」；假觀者，觀一切法因緣、幻化、無實，無有實體可得。

2. **命根**（梵語：jīvitendriya，英譯：life-force）：這是前生所造的業力種子，在壽、暖、識三法和合下才存在的假名。三法捨一，則命根就不存在了。

3. **眾同分**（梵語：nikāya-sabhāga，英譯：commonalities of species）：六道有情眾生中各有其共同之處。如凡夫、菩薩皆各有其眾同分。人類有眾同分，畜類有眾同分，其他各類亦然。眾同分是依人、法之類近而假立之名。

4. **異生性**（梵語：visabhāga，英譯：nature of unenlightened sentient being）：指異於聖者的眾生，亦名「凡夫」，是假立之名。

5. **無想定**（梵語：asaṃjñā-samāpatti，英譯：attainment of thoughtlessness）：外道人由於厭惡「想」心，以「想」心為煩擾其定力，故作意要滅除一切想，以定力壓伏前六識及一切心所，令不起現行，只有第七識的俱生我執與第八識仍在，不離根身。這所謂「無想」，並非真實已除滅「想」，只是以定力壓伏而已，若定力盡，或出定，其「想」仍再生起，故這法只是假立而已。

6. **滅盡定**（梵語：nirodha-samāpatti，英譯：attainment of cessation）：這是佛教所修極高的禪定，前六識之心、心所法，一切皆不起現行，連第七識的我執也都不起現行。唯獨第七識的法執與第八識仍在，不離根身。
7. **無想報**（梵語：āsaṃjñika，英譯：realm of thoughtless beings）：這是由修無想定獲得的果報，生於無想天。前六識之心王與心所皆不起現行。唯有第七識的我執與第八識仍在，故是假立之名。
8. **名身**（梵語：nāmakāya，英譯："name" body）：即名字。
9. **句身**（梵語：padakāya，英譯："predicate" body）：即字句或詞。
10. **文身**（梵語：vyañjanakāya，英譯："utterance" body）：由名身，加句語（句身）而成為文身。雖知一切法本無名稱。所謂名稱，是第六識相應的「想心所」，於境取像，而假立施設以名稱。名雖能詮顯諸法之自身相狀，卻不能與其自體（自性）相符合，例如「火」字不能生火，「香」字不能生香。由此而知，名本身不是客觀境界的真實性。名之能詮顯諸法的相狀及義理者，不過是方便假立的名稱而已。

以上所講「名、句、文」身，這三種法都是依「色、聲、法」三塵分位而假立：如果「名、句、文」三身都是在說出來的言語中的，即是依「聲塵」而假立；若是書寫出來的，則是依「色塵」而假立；若是在心中想出來的，便是依「法塵」而假立。

11. **生**（梵語：jāti，英譯：birth / arising）：一切現象，都是假藉因緣和合而生起，所以「生」並無實體，只是假藉因緣的聚集，而暫時存在着色心二法的假相而已。譬如掘地一立方呎，我們說此地生了一立方呎的空間可以利用，其實無論你掘地與否，這空間早已存在，你不過去除了一立方呎的泥土而已。當你把這空間填平了，此空間就還歸於無。所言「生」者，實是假立之法。

12. **住**（梵語：sthiti，英譯：continuity / abiding）：「住」是「生」的暫時安住。《成唯識論》卷二云：「生位暫停，即說為住。」

13. **老**（梵語：jarā，英譯：aging / decaying）：由「生」了之後，色（物質）心（精神）漸漸趨向衰老變異，遂假立「老」。

14. **無常**（梵語：anityatā，英譯：impermanence）：這是「滅」的異名。借着色心諸法，由於因緣分散故，於是從「暫有」的階段，還歸於虛無的狀態，遂假立「無常」。

15. **流轉**（梵語：pravṛtti，英譯：systematic operation）：「流」者相續，「轉」者生起，流轉，就是相續生起之義。這是指色心諸法剎那生滅，相續不斷，假立為「流轉」。

16. **定異**（梵語：pratiniyama，英譯：determinant karmic differences）：「定」是決定，「異」是不同。這是指善惡諸法各有因果，決定不同。雖不同而決不會雜亂混淆，因為善惡因果，涇渭分明，種善因得善果，不會反得惡果；種惡因得惡果，不會反得善果。

17. **相應**（梵語：yoga，英譯：unifying）：任何思想行為所引發的因，必然導致互相對應的果，謂之「相應」。善法與善果相應，惡法與惡果相應。

18. **勢速**（梵語：java，英譯：speed）：一切因緣和合的有為法，生滅變異，剎那不停，故曰「勢速」。即謂不論色法、心法，都是像江河中的流水一般，迅速地向前奔流。

19. **次第**（梵語：anukrama，英譯：seriality）：一切有為法，無不剎那生滅，前一法開導後一法生起，各各按部就班，循序漸進，不是同時俱起，謂之「次第」。這次第是假名安立的，如一二三四等數目次等、子丑寅卯等地支次第、甲乙丙丁等天干次第、色界四禪、無色界四定及滅盡定等禪定次第。

20. **時**（梵語：kāla，英譯：time）：就是時間分位的假立，如過去、現在、未來、昨天、今天、今年、明年等。雖然我們都認知時間的存在，但卻不能確切地說出「時間」

是什麼？假設有一世界完全處於靜止狀態（無生滅變異），則沒有時間的存在，因為一切湛然不動；一旦有變動發生，則前一時所謂靜止的世界，將不同於「現在」的狀態，因為它已變異了，成為「過去」。其實，不管「過去」與「現在」，只要有生滅變異，無論間隔是多麼短暫，都已說明了必定有「時間」的消逝。可見「時間」與「變動」有互相關聯性。凡有變動，即有時間存在；若無變動，則時間不存在。為什麼說「時間」是假法？因為其長短不定，如說一晝夜，在人間為二十四小時；而在四王天，一晝夜，是人間五十年；在忉利天一晝夜，則是人間一百年！如此同是一晝夜，卻長短不定，故曰「時間為假立」之法。

21. **方**（梵語：diś，英譯：area/space）：就是空間方位的假立，即指色法存在於空間之方向與位置，有東、西、南、北、上、下、前、後、左、右等。方位的建立，是要依着某一形質作為參考點，於是乎才有前後左右、四方上下之差別。反之，若不假藉形質，則上下不分，東西莫辨，哪有方位可言？舉例說：從你的站立點看是左面的物品；但從我的站立點看卻是在右面的。以自轉的地球而言，在上方的隨着轉動而變為下方，同是一物，從不同的角度看，會被認知為有不同的上下方位。宋朝蘇東坡居士在《題西林壁》中描寫廬山：「橫看成嶺側成峰，遠近高低各不同。不識廬山真面目，只緣身在此山中。」正是此意。

22. **數**（梵語：saṃkhyā，英譯：number）：這是量度諸法大小多寡的分位假立，如一二三四、個十百千等。

23. **和合性**（梵語：sāmagrī，英譯：harmonization）：這是諸法很和諧地聚會，融合為一，不相乖背，假立其名為「和合」。這是諸法的生起性。

24. **不和合性**（梵語：a-sāmagrī，英譯：non-harmonization synthesis）：即與「和合」相違，《百法直解》云：「不和合者，依於諸法互相乖違假立。」意即諸法之間，彼此互相妨礙、對立，稱為「不和合」，如水與火、冰與炭、正與邪，皆是「不和合」之例。這是諸法的分離性。

五、無為法

現在講的是無為法，是「五位百法」中的最後一位。凡學習唯識者，必須先明白百法 。在這裏不妨再同各位重溫其要義。

宇宙人生，森羅萬象，茫無際涯，正如哲賢莊子說：「吾生也有涯而知也無涯，以有涯隨無涯，殆矣。」[1]（《莊子・內篇・養生主第三》）我們如何以有限的文字去詮釋世界無限的現象呢？佛法唯識學能將浩瀚的宇宙人生所包涵的萬法，加以歸納、演繹、綜合、推理、分析，以簡潔的文字，使精湛奧妙的道理流傳世上，讓眾生易

1 譯文：我們的生命是有限度的，而智識是沒有限度的，以有限度的生命去追求沒有限度的智識，就會弄得很疲困。

於鑽研修習。《瑜伽師地論》將萬法歸納為六百六十法；《俱舍論》將六百六十法略之為七十五法；《成實論》將萬法歸納為八十四法。及至世親菩薩造《大乘百法明門論》，略萬法為百法，束之為五位，名之為「五位百法」，以便後人易於學習佛法。

何謂「法」？從狹義來說：法是規律或法則，如緣起論、空義、八識規矩，比丘懺悔羯磨法等。從廣義來說：法包括世間一切萬物，無論是物質的、精神的、有形的、無形的、真實的、虛假的、皆可謂之法。

表十七

五位百法
心法：八種
心所有法：五十一種
色法：十一種
心不相應行法：二十四種
無為法：六種

以上已解釋了心法、心所有法、色法、心不相應行法，現在解釋無為法。在五位百法中，前面的九十四法，皆是有生滅變異的有為法，最後六法，才是清淨寂滅的無為法，也叫做「真如實相」。

換言之，有為法指生滅變異，因緣和合的一切事物，即一切宇宙的現象及其運作，所有眾生的行為等。無為法是與有為法相對而言的。有為法可說是從「事相」方面而言；無為法可說是從「理體」方面而言。無為法是離開一切生滅變易之法，是常住不變，不待因緣造作而有之真如實體。它超越言語和思慮，不能附以任何名稱，但為了方便說明它的道理，而強名之為「無為法」。

無為法有六種：

（一）**虛空無為**（梵語：ākāśāsaṃskṛta，英譯：spatiality）：行者由修習「無我觀」而照見真理，心無掛慮，離一切色心等法，所謂：「心包太虛，量周沙界」。無我之心，猶如虛空之無所障礙，故曰「虛空無為」。

（二）**擇滅無為**（梵語：pratisaṃkhyā-nirodhāsaṃskṛta，英譯：cessation through knowledge）：擇者揀擇，是能擇的智慧。滅者斷滅，是所滅的煩惱。這能擇智慧去斷滅煩惱的修行而達至無為者，名「擇滅無為」。

（三）**非擇滅無為**（梵語：apratisaṃkhyā-nirodhāsaṃskṛta，英譯：cessation without knowledge）：無為法的法性（真如），自體本來清淨，沒有任何煩惱的污染，不需刻意去修習以上所講的擇滅智慧來滅除煩惱，因其本自清淨，自性涅槃，故曰

「非擇滅無為」。

（四） **想受滅無為**（梵語：saṃjñā-vedayita-nirodha，英譯：cessation through feeling and volition）：「想」和「受」是五蘊中的兩蘊，其行相猛利。「想」是能緣之心，攀緣外境，然後作出種種審慮、決定、發語、行為，是故為善為惡，都要經過「想」。「受」是領納外境後的感受，是苦是樂，都是「受」的感覺。佛教中有高深的禪定名為「滅想受定」，入此定已，前六識及想受二蘊，皆不起現行，有如涅槃，故稱「想受滅無為」。

（五） **不動無為**（梵語：acala，英譯："motionless" cessation）：這裏說的是色界第四禪 —— 捨念清淨定。佛經說：世界進入壞劫時，發生「火水風」大三災，動搖全世界，唯有四禪天，火水風三災都不能到達，這「捨念清淨地」的禪者，沒有苦樂等動搖其身心，有若達至無為。這種三災不至，煩惱不生所顯現的無為，就叫做「不動無為」。

（六） **真如無為**（梵語：tathatā，英譯：suchness）：真者，真實不妄；如者，不變平等。這真如理體，就是諸法不生不滅的真實體性。前面五種無為（虛空無為、擇滅無為、非擇滅無為、想受滅無為、不動無為）皆是依真如無為的體性而假立。《大乘百法明門論》說：「諸法若無此真如性，則無自體。然而，無為是無相，故此性若離諸法，亦無法顯出其相，是故真如為諸法之性，而諸法為真如之相。」若要證悟真如無為，先要修習「我空法空觀」，破除二執 —— 我執與法執，斷除二障 —— 煩惱障與所知障。

為了讓大家先掌握一些唯識學的基本知識，我們已補充了「百法」的義理。現在要重返《八識規矩頌》的內容。全文共四十八頌，包括四段：第一段十二頌講有情眾生的前五識（眼耳鼻舌身），第二段十二頌講第六識（意識），第三段十二頌講第七識（末那識），最後第四段十二頌講第八識（阿賴耶識）。

第一段「性境現量通三性，眼耳身三二地居，偏行別境善十一，中二大八貪嗔癡。」其中前三頌已經解釋過，現在繼續講「中二大八貪嗔癡」。

中二大八貪嗔癡

這頌和前一頌「偏行別境善十一」是說當你的前五識（眼、耳、鼻、舌、身）攀緣外境時，心內自然有三十四位助伴臣子（心所），幫助你這五心王去作善、作惡、或作無記（非善非惡）的業行。學習了「百法」，大家都應該知道心所共有五十一個，而前五識觸對外境時，只產生三十四個心所，如下列：

表十八

1.	**徧行心所**	觸 作意 受 思 想	5	「偏行別境善十二」
2.	**別境心所**	欲 勝解 念 定 慧	5	
3.	**善心所**	信 慚 愧 無貪 無嗔 無癡 精進 輕安 不放逸 行捨 不害	11	
4.	**中二隨煩惱**	無慚 無愧	2	「中二大八貪嗔癡」
5.	**八大隨煩惱**	掉舉 昏沉 不信 懈怠 放逸 失念 散亂 不正知	8	
6.	**根本煩惱**	貪 嗔 癡	3	
			34[1]	

換言之：當前五根（眼、耳、鼻、舌、身）觸對五外境（色、聲、香、味、觸）而產生五識（眼識、耳識、鼻識、舌識、身識）時，必有三十四個心所與之相應。五偏行是遍及於一切心、一切時、一切性、一切地的，所以與前五識相應；而與第六識（意識）相應的五別境心所，亦會引導前五識對其所緣境產生欲（希望）、勝解（決定）、念（明記）、定（專注）和慧（抉擇）的心理作用。

前五識通於三性（善、惡、非善非惡），有時與善性相應，所以它們具有這十一個善心所。當前五識與惡性相應時，則根本煩惱

1　請翻到第 60 頁至 96 頁，參讀以上各心所的義理。

（貪、嗔、癡）、二中隨煩惱（無慚、無愧）、八大隨煩惱（掉舉、昏沉、不信、懈怠、放逸、失念、散亂、不正知）亦會相應而生起，所以《八識規矩頌》說「偏行別境善十一，中二大八貪嗔癡」。

五十一個心所中，只有三十四個與前五識相應，其他如：慢、疑、惡見、忿、恨、惱、覆、嫉、慳、誑、諂、害、憍、悔、眠、尋、伺等十七煩惱心所，其勢猛利幽深，是第六意識的相應範圍，不與較簡單、直接，只俱「性境、現量」的前五識相應。

五識同依淨色根

「五識」，就是眼識、耳識、鼻識、舌識、身識。「同依淨色根」何解？當根與塵（境）互相接觸時，即產生識的了別功用（表十九）。換言之，眼識依眼根而產生功用，耳識依耳根而產生功用，鼻識依鼻根而產生功用，舌識依舌根而產生功用，身識依身根而產生功用。其實人們每根都有兩樣東西：一個是神經系統的淨色根（the internal nervous system of the sensory organs），一個是扶塵根（the external sensory organs）。淨色根是潛伏在體內的神經系統，是肉眼看不見的，我們所看見的不過是扶塵根，如眼球、耳管、鼻腔。即是說：各扶塵根的內部，即是現代生理學所講的神經、非生理肌肉，而是五根已發生感覺認識作用的實體（系統）。五識的生起，主要是靠淨色根。

前五識都是依淨色根而生變化的，所以「五識同依淨色根」。

表十九

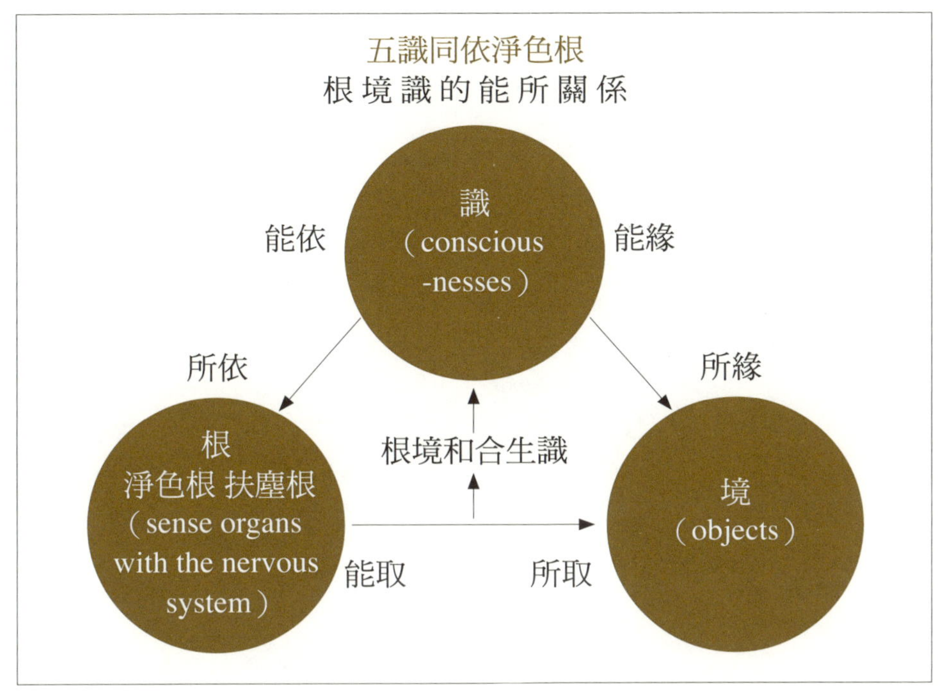

記得我在讀中學的時候，有位老師，他在講課時，感覺視力模糊，最後住進醫院療養。住院後，老師病情惡化，神經紊亂而失明。老師認為這視力的失去，罪魁禍首是眼睛，且令他失去工作。於是把心中的怨憤，發洩在眼睛上，將一盞檯燈拍向自己的眼球而自毀。其實，眼睛看境，不只是眼球，還有眼的淨色根與意識合作去分別外境。他的意識生氣，激動中自毀眼睛，這與眼的扶塵根（眼球）本身無關啊！眼睛只攝取圖像，還有背後的神經反射，所以五識的生起，要靠淨色根，故說：「五識同依淨色根」(表二十)。

表二十

五識同依淨色根

眼識依眼根（淨色根） 耳識依耳根（淨色根） 鼻識依鼻根（淨色根） 舌識依舌根（淨色根） 身識依身根（淨色根）	極微，肉眼不能見，依扶塵根而成	此五識不共依，各以自根發自識

	扶塵根		淨色根
淨色根依扶塵根	眼珠	－	眼神經系統
	耳鼓	－	耳神經系統
	鼻腔	－	鼻神經系統
	舌膜	－	舌神經系統
	肌膚	－	肌膚神經系統

前五識亦有共依，它們共依第六識為「分別依」，共依第七識末那識為「染淨依」，共依第八識阿賴耶識為「根本依」	此是五識所共依

九緣七八好相鄰

要明白「九緣七八好相鄰」，必須先要知道何謂「緣」。「緣」即「因緣」（梵語：hetu-pratyaya，英譯：causality）的簡稱。因（primary cause），是引申結果之直接內在原因。緣（secondary cause），是指由外來相助之間接原因；而由因與緣和合所產生之結果，稱為「因緣和合之果」。一切萬有皆由因緣和合而假生，無有獨立存自性，是變易無常的，此即「緣起性空」之理。凡人若以煩惱為因，以所作之業為緣，能招感迷昧之果；若以「般若」為因，以「戒定慧」為緣，則能招感覺悟之果。簡言之：凡一事一物之生，本身的主要因素叫做「因」，旁助的因緣叫做「緣」。例如稻穀：以種子為「因」，泥土、雨露、空氣、陽光、肥料、農作等為「緣」，由此種種因緣的和合而生長穀子。因緣有四種：

《中論》「觀因緣品」云：「因緣次第緣，緣緣增上緣，四緣生諸法，更無第五緣」。這四緣是：因緣、次第緣、緣緣、增上緣（表二十一）。

第一個緣是「因緣」，即現在諸法與自種子互作因緣。又種子自生種子，亦作因緣。通常將引生結果的主要條件為「因」，次要條件為「緣」。

第二是「等無間緣」（梵語：samanantara-pratyaya，英譯：antecedent cause / giving uninterrupted succession），又稱「次第緣」，指由前念之心法開路，讓後念之心法生起，是有次第的。何謂次第？譬如，我現在感到很熱，瞬間又感到很冷。此時我感覺的次第是這樣的：很熱的念頭走了，很冷的念頭才可以生上來。第一個念頭去了，方可出現第二個念頭，是有次第的，故稱「次第緣」。心念是不停的，前念去、後念起。倘若達到前念和後念相等，前念清靜，後念清靜，再後念也清靜……清靜、清靜，即念念都清靜，這

表二十一

依緣
八識是依什麼因緣而生起？

四依

（一）依於因緣：立種子依

（二）依等無間緣：立開導依

（三）依增上緣：立俱有依

（四）依所緣緣：立境界依

四緣

（一）因緣：即諸現法與自種子互作因緣。又種子自生種子，亦作因緣。「因」亦作「緣」解，通常將引生結果的主要條件為「因」，次要條件為「緣」。

（二）等無間緣：又稱「次第緣」，指由前念之心法開路，讓後念之心法生起。「等」者，前念與後念的心，心所之數雖有增減，而各自之體同等一樣。「無間」者，念念不停。

（三）所緣緣：略稱「緣緣」，指心、心所所攀緣之一切對象，為認識活動發生條件，例如眼識必以一切色為所緣緣。

（四）增上緣：指上述三緣以外有助於或無礙於現象發生之條件。

是以念佛心「都攝六根」。此時你以唸佛的心識而轉一切境，而不為一切境所轉，恭喜，你成功了！此為「淨念相繼」。

但是，你要做到淨念相繼真的不容易。某人前念是「阿彌陀佛」聖號，第二念亦是，第三念也是，到了第四念則昏沉了，睡着了，失去了淨念相繼。倘若你念念都是惡的，心念終於會驅使你作惡，將來的結果會墮落到三惡道：地獄、餓鬼、畜生。例如某人要殺一個人且一定要殺死他，殺死他的念頭，念念不停，始終都會殺了他。凡夫有善念頭、惡念頭，有善有惡，但惡多、善少。倘若你善的念頭多，每個念頭都可產生善的力量，所以如果某人善的念頭多，他的長相都會改變為善，相由心生，長的是善相！倘若某人念念是惡，尤其好色心、淫欲心重，用粵語俗話說，這人很「鹹濕」（廣東俗語意謂淫穢）。此人寡廉鮮恥、傷風敗俗，就是一副猥瑣、好色相。別人一看，就知道很有問題。有些人高風亮節，樂善好施，讓人一見，嘩！臉相放光！所以你的念是如何，你亦會變成如何。心念是很重要的，你的行為、說話，一切與你的心念有關連。念念為善，即處天堂；念念為惡，當下地獄。各位，你是否時常留意自己的念頭呢？

第三是「所緣緣」（梵語：ālambana-pratyaya，英譯：all objects of perception and cognition）：指心、心所所攀緣之一切對象，為認識活動產生的條件，例如眼識必以一切色為所緣緣。也就是，眼識以外界色法為所緣（如青、赤、黃、白、明暗、長短、方、圓等），耳識以聲音為所緣（如風、雷、鐘、鼓、順意之言、不順意之言、聖言語，非聖言語等），鼻識以香為所緣（如海檀、沉麝、葱、蒜等，好香、惡香、平等香、和合香等），舌識以味為所緣（苦、酸、辣、甘、鹹、淡等），身識以觸為所緣（輕、重、暖、硬、軟、身體各內臟的互觸作用及內裹的新陳代謝等），故此，所緣緣是質礙性（materiality）的。

第四是增上緣（梵語：adhipati-pratyaya，英譯：all other ancillary causes），增上緣就是除因緣、等無間緣、所緣緣之外，一切所有其他數之不盡的緣。若能成就你做成此事的緣，就是「順增上緣」；若能破壞你做成此事的緣，就是「逆增上緣」。

五識（八識亦復如是）依什麼因緣而生起的呢？唯識學中，八識心王（眼、耳、鼻、舌、身等前五識以及意識、末那識、阿賴耶識）與心所生起時，所依止仗託者，稱為「所依」。前五識依於「因緣」立「種子依」；依「等無間緣」，立「開導依」；依「增上緣」，立「俱有依」；依「所緣緣」，立「境界依」。

所緣緣就是境界，是依着境界而起。增上緣，立俱所有一切的緣分，而令到此事發生，即「能依」「所依」同時存在而轉起，故又稱為「俱有（所）依」。等無間緣、開導依，是指當前一念剎那滅謝，後念方可剎那間生起，兩者不能同時存在。種子依，是指作為心法之一的阿賴耶識，其自身中的種子，構成阿賴耶識的所依，而被稱作「因緣依」（種子依）。

在此情形下，某人阿賴耶識的種子中，若貪欲的種子很強，自然會貪財、色、名、食、睡等，因為其貪的種子易於激發。倘淫欲的種子強，就會沉淪於男女色欲；若嗔怒的種子強，就容易發怒，所以每一個人的熏習、性格各有不同。因其業力不同，種子的強弱等各異啊！

此頌句的重點在一個「緣」字。何謂「九緣七八」？先要知道，八識以何緣分（條件），令其與外界產生互動。換言之：眼睛是何原因見到境象？耳是何原因聽到聲音？諸識各由其所需的緣分而生起，大家要知道並要珍惜這些緣分！這頌句先講前五識的依緣。

前五識雖然有浮塵根與淨色根的依持，如果沒有其他助緣，亦不能生起識（consciousness）來，所以眼識要九緣、耳識要八緣、鼻舌身各要七緣，才能令眼耳鼻舌身等識產生活動，見（表二十二）。就以眼識為例：

1. 眼識看境，需要空間距離，此謂「空緣」。
2. 眼識取境需要光，黑暗中眼什麼都不能見，必須有光的緣分，是為「明緣」。
3. 眼識依於眼根而生起，所以必須有眼球這個器官，謂之「根緣」。
4. 眼根觸對色境，生眼識，倘無境，眼看什麼？必須有境，此謂「境緣」。
5. 根對境時，必須作意，否則視而不見，此為「作意緣」。
6. 眼識的生起必須有第六識（意念）去分別，否則見到外境也不能了別，此謂「分別依緣」。
7. 眼識生起必有染淨依，染淨為第七識（我執），此識是意識之根，亦影響前五識，所以我們對外境的攀緣，若沒有經過禪修的淨濾，

表二十二

八識生起的因緣[1]

因緣 / 八識	眼	耳	鼻	舌	身	意	末那	賴耶
種子依（seeds as basis）	×	×	×	×	×	×	×	×
境（object）	×	×	×	×	×	×	×	×
根（sense organ）	×	×	×	×	×			×
空（space）	×	×						
明（light）	×							
作意（attention）	×	×	×	×	×	×	×	×
分別依（basis of cognition）	×	×	×	×	×			
染淨依（basis of defilement and purity - ego）	×	×	×	×	×	×		
根本依 fundamental basis（storage）	×	×	×	×	×	×	×	

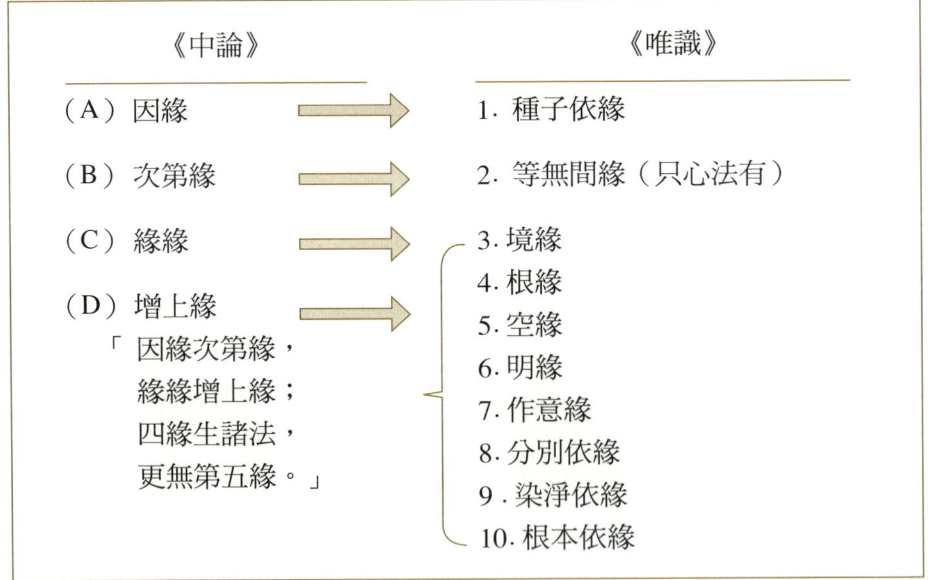

1 Epstein, R. (1986). Verses Delineating the Eight Consciousnesses: by Tripitaka Master Xuanzang of the Tang Dynasty.

必會生起我執，此為「染淨依緣」。

8. 阿賴耶識含藏着眼識的種子，是生起眼識之親因緣，稱為「種子緣」。

9. 根本依，是指第八識，沒有這阿賴耶識，則所有識不能存在。這第八識為諸識的根本，故眼識以此為「根本依緣」。

眼識要「九緣」，那什麼是「七八」呢？耳識要八緣，其他鼻、舌、身三識各要七緣。

耳識所緣者，與眼識所緣相似，但耳在黑暗中，亦能依耳根而聽到聲音，不需要光，故只需八緣便能生識。至於鼻、舌、身三者，雖與眼耳識所緣相似，但此三者，不需要空間，不需要光。換言之：鼻不須光，也不需要空間去嗅；同樣，舌嚐酸、甜、鹹味，不需要空間，因離開舌，什麼味也嚐不到，舌亦不需光；身，需觸才有感覺，亦不需光和空間。故此，鼻舌身不但不需要光（明緣），且不需要距離（空緣），只需七緣便能生識。這便是「九緣七八好相鄰」的道理。「好相鄰」，即是說五根與外界及種種依緣相觸的時候，好像和睦相處的鄰居一樣，必須互相依存，不相乖違才能生起識用。

這裏順便提醒各位：我們要以自己的六根（眼、耳、鼻、舌、身、意）去行聖道，千萬不要用它們去行惡道啊！六根各有其所需要的依緣（條件），才能正常運作。如果你五官健全運作，依緣亦俱足，是多麼慶幸，多麼感恩啊！我們要珍惜五根。海倫·凱勒（Helen Keller）是美國一位著名的作家、哲學家；她從小已失明。

在她的名著《假如給我三天光明》[1]有一段發人心省的話，勸勉讀者要珍惜並善用自己的眼根（以及其他器官）：

> 不少人以怠倦，漫不經心的態度對待自己的生命。他們在對待自己的各種天賦，及使用自己的器官上，又何嘗不是如此？只有那些失明了的人，才更加珍惜光明……然而，那些耳聰目明的正常人，卻從來不好好地去利用他們的這些天賦。他們視而不見，充耳不聞，對大自然無任何鑒賞之心。事情往往就是這樣，一旦失去了的東西，人們才會留戀它，人得了病才想到健康的幸福……。
>
> 最近一位朋友來看我，他剛從林中散步回來。我問他看到些什麼，他說沒什麼特別的東西（按：因為他心中沒有珍惜，自己眼根擁有看一切景物的天賦，卻沒有鑒賞大自然之美）。要不是我早習慣了這些漫不經心的回答，我真會大吃一驚！（按：難道他沒有善用他的眼睛？）我終於領會到了這樣一個道理——明眼人往往視若無睹。
>
> 我多麼渴望看看這世上的一切（我從小失明），如果說我憑我的觸覺能得到如此大的樂趣，那麼能讓我親眼目睹一下該有多好。奇怪的是：明眼人對這一切（他能看到的）卻如此淡漠！那點綴世界的五彩繽紛和千姿百態，在他們看來是那麼的平庸。也許人就是這樣，有了的東西不知道珍惜，沒有的東西

1　參閱海倫·凱勒著，王肖竹譯，2015，《假如給我三天光明》，長春：吉林出版集團有限責任公司。

又一味追求。對這些明眼人來說，視力這種天賦不過增添一點方便罷了，並沒有賦予他們的生活更多的意義……。

我這個看不見東西的人，可以給你們看得見東西的人一點忠告：請善用你的眼睛，假設明天的你就會失明；聆聽美妙的樂曲、鳥兒的歌唱、管弦樂隊雄渾有力的曲調……假設明天的你就會失聰；去聞一聞花兒的芬芳，嚐一嚐每一口食物的鮮美，假設明天的你將會永遠失去嗅覺和味覺。盡量運用你的每一種感覺，從各個方面盡情體會這個世界的快樂和美麗，這些感覺都是大自然賜予你的，而在所有的感覺當中，我相信，視覺一定是最令人愉快的。

請珍惜你現在所擁有的六根（眼、耳、鼻、舌、身、意），千萬不要用它們去作惡業（如眼見美色而起淫心，耳聽是非而起嗔心，鼻舌攀緣肉味而起殺心，身執着物質而起貪心等）。《楞嚴經》裏面有一句話：「都攝六根，淨念相繼」。學習佛法，就是要念念留意自己的六根，不要讓它們攀緣六境而生貪、嗔、癡、殺、盜、淫、綺語、妄語、惡口、兩舌等心識，作出種種罪業。

在六根門前，我們可以造業；在六根門前，我們也可以修道而成佛啊！

「九緣七八好相鄰」，這頌句強調「緣」的重要性；但同是一緣（同一境），在眾生各自不同的心識中，會產生不同的感受。唯識宗說「唯識無境」，所以說「境」是不真實的（它是因人的心識而異的），只是被眾生的心識執持為實有，作出種種的虛妄分別。在這裏我們不妨用一些時間解釋「唯識無境」的道理。

「三界唯心，萬法唯識」是唯識宗的宗旨，意思是說我們有情眾生所依的三界內一切萬法，皆是「唯識」所現，並沒有其「真實自性」的存在。何謂「真實自性」呢？如果它的存在是 1. 不依靠因緣而獨生、自存的；2. 永恒的；3. 不變的；4. 不依隨眾生各自不同的業識而顯現的，那就是真實的。但世間一切萬事萬物，都沒有這真實自性啊（因為都不符合以上這四個條件）！

人們所看到的形相並非是事物的本質，而只是事物呈現的一種假相（緣生緣滅的無常相），而且此因緣所成的假相，是隨着眾生各自不同的業力所引發的心識所顯現的。

所言「唯識無境」者，是指眾生「唯有心識能了別的功能，而無有外境之真實性」。「唯」（梵語：mātratā）是決定或離開之義。「識」（梵語：vijñāna）為心之本體。所謂「無境」是說：離開心識的了別之外，無任何實體的存在。我們自己心外之物（境），是由八識自體所變現的主觀（見分），攀緣外界的客觀（相分），又將所認識的境執着為心內之影像而認為實有。

唯識學派常以「一水四見」解釋這道理：一池水，在人類看來，它就是「水」；但在天人所見，它是「琉璃」；以餓鬼所見，則為「濃血」；對魚蝦來說，則是「家居」。同是一池水，不同的眾生見到，產生不同的心識。這是眾生各自的業感不同，故在果報上便有這許多的差異。有一首饒有逸趣的日本詩，頗能道出「唯識無境」的道理：

同聲一擊掌，群鯉游爭食，

驚鳥四散飛，侍女奉香茶。[1]

日本奈良縣興福寺，有一舉世知名的天然水池，名為猿澤池。古時有一佛教學者在池畔說法，以擊掌顯示「唯識無境」之理。他擊掌兩下，發出「啪啪」聲響。只見池中錦鯉以為這是主人的餵飼信號，游來爭食；「啪」聲震驚林鳥，群飛四散；侍女應主人之掌聲，遂端上香茶。所以，每一個動作、信號，對不同的眾生、不同的心識，感受是完全不同的。離開心識的了別，無境界的真實存在，因為同樣的境界，在不同的心識所了別下，就有不同的境界。

以上是對「唯識無境」的簡釋，其目的是啟示人們平常所見所聞的，其實都是由虛妄分別心所感受的，是一種錯誤的顛倒認識，並非真正見到事物的本質。因為，事物的真正本質不是人們平常的六根所能見到的。我們何必攀緣、執着外境而產生煩惱，因煩惱帶動而作業（貪嗔癡殺盜淫妄等），因作業而受報呢？六根所能見到的只是依他境而生起的「比量」。當修行達到見道位之後，徹悟「唯識無義」[2]之理體時，才能了解事物的本質。因為事物的本質是「不生不滅、不垢不淨、不增不減」的，是湛然寂靜，常住涅槃的真如啊！

1 "At the clapping of hands, the carp come swimming for food; the birds fly away in fright, and a maiden comes carrying tea." – Sarusawa Pond (A Japanese poem). Extract from *Living Yogacara* by Tagawa Shun'ei, poem translated into English by Charles Muller, translated into Chinese by Ven. Guan Cheng.

2 「唯識無義」的理論是：一切法皆由心的虛妄分別顯現而起，因此一切相也不是真實存在的現象，請參閱《攝大乘論》。

合三離二觀塵世

何謂「合三」？鼻根對香境、舌根對味境、身根對觸境。鼻、舌、身三根必須要與外境接觸（合）才有感應，才能產生識的作用，

表二十三

合三離二觀塵世

（這是講五識的「用」：觀察塵世）

塵世：有色聲香味觸（眼→色；耳→聲；鼻→香；舌→味；身→觸）

識用：起行作業，前五識要有第六識支持，才能生起效用

九地中
- 欲界：五趣雜居地：五識俱能有所用
- 色界離生喜樂地（初禪）：只有眼，耳，身三識
- 色界：定生喜樂地（二禪）以上：不須五識作用

鼻根對香境，舌根對味境，身根對觸境 —— 這三根必須親合三境才能產生識的作用。——合三

眼根對色境，耳根對聲境 —— 這二根必須離開才能產生識的作用。——離二

註：「識」不是色法，不據空間，故無大小、離合、遠近。根但發識，識不隨根局限於一處。

五識亦受苦樂，亦作善惡無記，但是動身語的種力在意識，五識只通外境，激動意識作業，所以五識是間接作業。

倘有距離（不相合）則不能生識。例如，鼻嗅香時，若香味未通過空氣接觸到鼻子的神經系統，則聞不到香味；舌嚐味時，若食物不接觸到舌頭，則不能嚐到其味；身觸物時，若其物與身有距離，則身體不能接觸該物。所以對前五識來說：鼻舌身三識是需要和合接觸外境，方可產生識的了別功能，是為「合中取境」，所以說「合三」。

何謂「離二」？眼耳二根應對其所緣境時，必需要空間、距離方可生識，即是需要「空緣」（space），眼識才可了別色境在何方，耳識才可了別聲從何而來。這就是「離中取境」（表二十三）。倘若色境逼附眼根（如纖塵入眼），不但看不見外境，還會損害眼睛呢！如巨聲蓋耳，不但未能了別聲響從何處而來，還會震聾耳根呢！換言之：對眼和耳二根來說，其所緣境必需要有距離的空間，才能產生識的了別作用。

何謂「觀塵世」？觀者，即五識能緣的「見分」；塵世者，即是指此微塵（atoms）和合而成之世界，亦總稱為五塵（色聲香味觸），是心識的「相分」。塵有污染的意思，以其能污染我人的心識。

愚者難分識與根

「愚者」指某些修習小乘法的行者。他們分辨不出「根」與「識」的不同，以為了別外境的是根（sensory organs）。其實，能了別外境的是識（consciousness），並不是根，不過識是依根生起而已。須知根是色法（物質）；識是心法（精神），物質沒有了別的功能，只有心法才能了知。以眼根為例子：

眼根只是生起眼識的增上緣，其自身是物質（body cells），只是映納外界的客觀影像，所以根只有粗略的感受而無了別（discern）的知覺。眼識是由自己的「親因緣」而生起。如果沒有這「識種」，是沒法生起識的。

在這裏我想與各位重溫一下唯識學中「四分」的道理。唯識宗對於心識與境界的關係，認為由主觀的識，了別客觀的境，可以分為四分來解釋：相分、見分、自證分和證自證分。

相分（the objective aspect , i.e. the actual reality as it is）是由識所變現的外境；見分（the subjective aspect, i.e. sensory perception of reality）是能緣境的見照作用，自緣其所變的相分；自證分（the witnessing aspect, i.e. cognition of this perception）是證知見分的作用；證自證分（the re-witnessing aspect, i.e. all other mental processes after）是自證分的內向作用，由返照的結果，而證知其自證分。以查看手錶所顯示的時間為喻：

眼睛看手錶，手錶是「相分」，查看時間的動作是「見分」，知悉現在是晚上八時是「自證分」，腦海裏說：「啊！現在已經是晚上八時了！」是「證自證分」。

眼識在眼根所映現的色像上，變起自已親因緣的色境。這色境是「相分」。眼識所變現的「相分」（object），與自己能見的「見分」（subject）相對，合此見相二分，變現「自證分」，再加以證定自證分的是「證自證分」。

再說：識雖依根，但根卻不是識。「識」是心法，非物質，所以不是相狀，例如電線能傳電，但不能說電線就是電力。電力比喻識，電線比喻根。

這「四分」的道理給我們什麼啟示呢？愚夫俗子觀看宇宙萬物時，以為六根（眼耳鼻舌身意）所見的六塵（色聲香味觸法）是有真實性的，不曉得其心識都是主觀的，就好像透過自己業熏的眼睛去觀看萬物，其思惟必是以自我為中心的，再發動了自私的身口意行為，遂引致無量的煩惱與痛苦。

變相觀空唯後得

前面八頌所講的是五識的有漏（煩惱）特徵，現在後四頌所說的是五識的無漏（清淨）特徵。修行趣向無漏佛果時，這五識是怎樣演變的呢？換言之：這五識怎樣「變相觀空」，即是怎樣轉迷成悟，轉識成智呢？

若要明白這頌句，必須先要知道何謂三智：加行智，根本智、後得智。

1. 加行智：從凡夫位開始修習起，首先要聽聞佛法的開示，獲得正知正見，再從「聞思修」三慧，如法修行，觀一切法空、無我、無我所，離「我法」二執 。這智是凡夫由後天努力（加行）而得來，故名「加行智」。

2. 根本智：修「加行智」成功時，「根本智」出現了。「根本智」能夠直接觀察真如本體，此智清淨無漏，實證真如，離言絕思，平等無別，故亦稱「無分別智」。這時行者能滅除了「煩惱障」與「所知障」，並能引生「後得智」的作用。

3. 後得智：初得「根本智」的聖者，又自然能生一種智慧，名「後得智」。這「後得智」與「根本智」不同。因為「根本智」是絕對清淨無漏的，離一切分別妄想。聖者為了利樂眾生，不得不依「後得智」的真如體，變起（顯現）與真如相似的空性。《起信論》云：「……（這智）於自體顯照一切妄法，有大智用，無量方便，隨諸眾生所應得解，皆能開示種種法義，是故得名一切種智。」這智是為度眾生而起的，能夠將他所證得的「根本智」，證見真如這道理，以善巧方便的語言文字形容出來，開導眾生，這是後得智的「作用」。這裏「變相觀空唯後得」所講的是後得智。

在這裏再補充三智的義理：「加行智」是努力（加行）修行而得之智，「根本智」能詮證真如，但它是離言絕思、無相、無分別的，不會生起廣利眾生之大用。「後得智」是從「根本智」而生的，能衍興萬用，利樂一切眾生。佛觀明星悟道時，是證悟「根本智」，成道後轉大法輪廣度眾生，是顯現「後得智」。須知不悟「根本智」之體，不能表現「後得智」之用，「用」不離「體」，「體」不離「用」故。

前五識皆依五根生起，而五根是有漏之法，所以依五根而生起的五識，自然也是有漏的。「五識」本身既然是有漏的，無漏的智慧即無從生起。習染的五識要轉變其有漏相，必須學習觀空；方能獲得清淨的無漏智。

前五識從有漏轉為無漏時所得之智，名「成所作智」，即成辦自他兩利所作事業之智。這智屬「後得智」。當聖者體證無漏佛果時，前一剎那「根本智」出現了，後一剎那就能生起「後得智」廣度眾生。《成唯識論》第十說：成所作智，成佛方得初起。

「變相觀空唯後得」的意義是說：由於前五識是依內色根生起，然後攝取外色境為用，從此識所成的智，雖能觀於「法我二空」之理，卻不能直接詮證真如，不得不依「根本智」的真如體，變起（顯現）與真如相似的「後得智」。換言之：就前五識而言，行者修「我空法空」觀，目的是要「轉識成智」。頌中所說「變相觀空」，即是以觀空法變諸相為無相，念念變相觀空，即念念轉有漏（污染）之識為無漏（清淨）之智（稱為「成所作智」）。

果中猶自不詮真

五識是依五根而先起的，五根則是第八識阿賴耶識所緣的相分，在八識未轉成無漏以前，五根不可能成為無漏的。但是為什麼到了佛果位上，這五識所轉的「成所作智」仍然不能親證真如呢？

當知依五根而起活動的五識，雖說是現量的境界，但只能觀察一切的事相，並不能體悟諸法的真理，不特在因中是如此，在果位上亦是這樣，所以「成所作智」，雖能「變相觀空」，但所觀的是相似的真如，並不是挾帶真如本體，直接觀於真如，所以說「果中猶自不詮真」。

前五識是依附第八識（阿賴耶識）而變現的，所以在第八識未轉識成智前，前五識不能單獨轉識成智，必須修到第十地法雲地[1]，當第八識轉為「大圓鏡智」時，前五識才同時轉為「成所作智」。換言之：只僅藉前五識修空觀，就算能轉其為「成所作智」，在佛果位中仍不能親證真如，因為第六識（意識）、第七識（末那識）的有漏煩惱尚未調伏，而且第八識（阿賴耶識）尚未修成無漏清淨的真如體。五識修成功了，亦不過是「後得智」，不能詮證真如之體，所以說「果中猶自不詮真」。

圓明初發成無漏

前五識不能單獨轉為「成所作智」，要等第八識完全轉成為清淨，再由清淨無垢識變起無漏識，這五識才能轉為無漏的「成所作智」。這叫做「因地不轉，果地轉」。

五識轉為成所作智，不但加行位上的賢者菩薩做不到，就是登地以上的聖者菩薩亦做不到。唯有到最高佛果位上才能圓成。

第八識（阿賴耶識）在未轉成為無漏時，其所變現的五根（相分），及依五根所生的五識，當然還是有漏的。一旦八識轉成無漏的「大圓鏡智」時，不但前五識隨而轉為「成所作智」，就是整個

1　轉識成智，斷惑證真的修道次第，從淺到深，計有十地：1. 歡喜地 2. 離垢地 3. 發光地 4. 焰慧地 5. 極難勝地 6. 現前地 7. 遠行地 8. 不動地 9. 善慧地 10. 法雲地（亦名金剛心、無間道）。

宇宙人生，亦充分完全改變。頌中說「圓明」，就是指「大圓鏡智」，而此「大圓鏡智」，要到「金剛道後異熟空」[1]時，第八識本體成為絕對清淨無垢，才能轉成「大圓鏡智」（即圓明初發）。這時有漏異熟識（即阿賴耶識）為空，由它們所變的有漏五根亦為空，依五根而起的有漏五識亦盡，完全轉成無漏的五根五識，所以說：「圓明初發成無漏」。

三類分身息苦輪

五識轉為無漏淨智，名為「成所作智」。諸佛不單要成就自己的證悟，還要成就利益一切眾生的業，唯有自利利他成就，才能圓滿「成所作智」（成所作者，佛所應作的事業）。

諸佛菩薩為了要廣度眾生，必須適應眾生的根基，這五識所轉為「成所作智」的效用，能作大化小，隨類化身，分化十方。在不同的佛土（表二十四），作三類分身：

1　金剛道，即是菩薩將要成佛時所起的金剛喻定，此定明利堅固，猶如金剛，能斷一切煩惱「金剛道後異熟空」這頌句，是在《八識規矩頌》中詮釋第八識，最後十二頌句中的第十頌句，詳細講述請參考第 222 頁。簡言之：凡夫修行到十地菩薩滿心階位，即金剛道後解脫位起，一剎那間，永斷世間煩惱障、所知障的種子。從此轉第八識成大圓鏡智，此時徹底空掉了「異熟」之名，而稱為「無垢識」，此即「金剛道後異熟空」。

表二十四

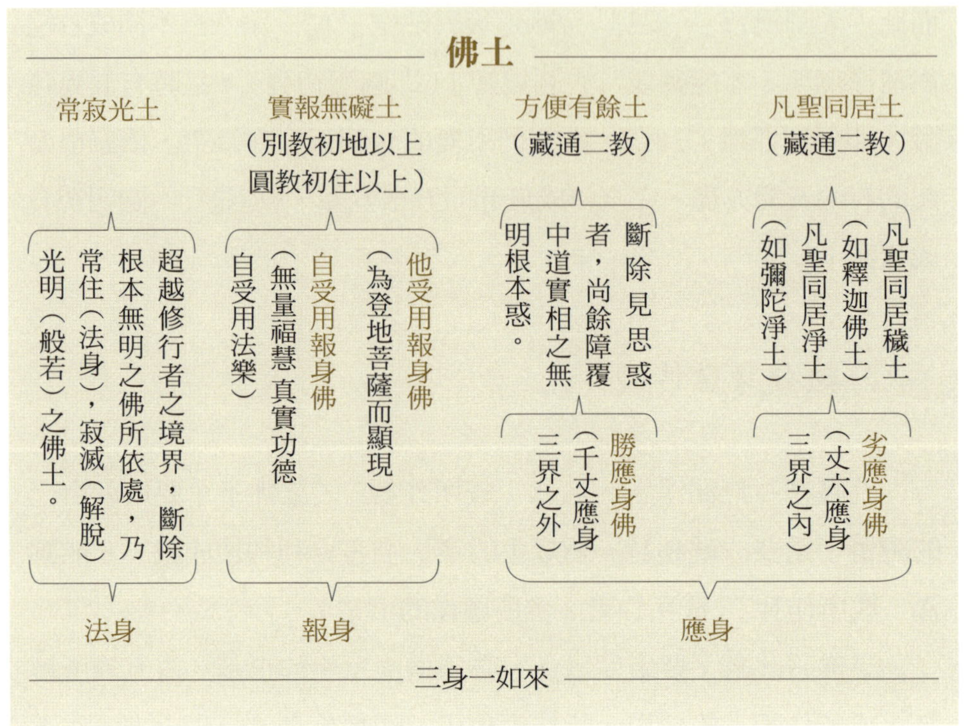

（一） 為地上菩薩說法：現千丈「勝應身」—— 盧舍那身，居實報無障礙土，為宣說十波羅蜜，令依大法修行，止息「變易生死」。

（二） 為地前菩薩，二乘以及凡夫說法：現丈六「劣應身」，居方便有餘土，凡聖同居土，為說四諦法，四念處等，令依之修行，止息「分段生死」。

（三） 為餘道眾生說法：於凡聖同居土（凡居）隨類化身。

在這裏已講完前五識十二頌句的意義，在未開始講第六識之前，讓我們將五識的特徵重新溫習一下，以便記憶：

表二十五

重温前五識

（一）**釋名**：「識」乃「心」的別名，意謂了別、認識。心外無境，一切現象唯識所變現。

（二）**顯體**：眼識依眼根而起，了別色；耳識依耳根而起，了別聲；鼻識依鼻根而起，了別香；舌識依舌根而起，了別味；身識依身根而起，了別觸。

（三）**根境**：識依眼珠（扶塵根）及眼神經系統（淨色根），耳識依耳鼓及耳神經，鼻識依鼻腔及鼻神經，舌識依舌膜及舌神經，身識依肌膚及肌膚神經。前五識緣性境。

（四）**識量**：現量，意為現在的（不是過去未來的），即現前量度第一念，未起妄想分別，不帶名言，無籌度心。

（五）**識性**：三性，即善性、惡性、無記性。

（六）**界地**：欲界：第一地，即五趣雜居地，有前五識。色界之第二地，即離生喜樂地，只有眼、耳、身三識，鼻、舌識太粗，不用。離生喜樂地以上，五識不起作用。

（七）**助伴**：有三十四個心所助伴（徧行 5，別境 5，善 11，中隨煩惱 2，大隨煩惱 8，根本煩惱 3）。

（八）**諸緣**：眼識要 9 緣，耳 8 緣，鼻 7 緣，舌 7 緣，身 7 緣。（九緣者：根、分別依、染淨依、根本依、作意、空、明、境、種子）。

（九）**業用**：五識只通外境，激動意識作業，所以是間接作業。

（十）**轉識**：從聞思修，離「我法」二執，得「加行智」，修「加行智」成功時，「根本智」出現，又自然生「後得智」。「後得智」不能直接體證「真如」，必須變現出一「空相」去詮證「真如」。因為有第八識才有前五識生起，五識在因中，是不能單獨轉為「成所作智」的，須待第八識轉為「大圓鏡智」，前五識方能轉為成辨自他兩利所作事業之智，即成所作智。這叫做「因地不轉，果地轉」。

二、第六識：意識

現在開始講第六識 —— 意識（梵語：mano-vijñāna，英譯：thinking-consciousness）。

意識非常重要，因為在八識中，意識最猛利，它的分別能力最為明顯且廣泛。意識對於前五識的見、聞、嗅、嚐、觸等所緣境（色聲香味觸）能加以精細的分別。三界九地，一切迷悟升沉之業，無一不由意識所作。善惡的造作、是非的分辨、美醜的觀感、自他的爭執，全是意識的作用，所以這第六識（意識）是各人心理活動的綜合中心。凡夫的一切精神活動：學習、思考、邏輯、推理、判斷、記憶等，乃至於喜怒哀樂的情緒作用，全部是意識的功能。我們常說「打」佛七。何解要用「打」？「打」什麼呢？把不好的、以自我為中心、執我的意識打走。所以打佛七，最重要修的就是意識。

前五識（眼耳鼻舌身）各緣色、聲、香、味、觸。然此五識僅由單純的感覺作用來攀緣外境，並無認識、了別外境之作用，只是「直覺知識」（knowledge from direct perception）。至第六識意識始具認識、分別現象的作用，是「推理知識」（knowledge from inference）。意識分為「五俱意識」和「不俱意識」兩種；五俱意識又分為五同緣意識和不同緣意識兩種；不俱意識又分為五後意識和獨頭意識兩種；獨頭意識又分為定中意識、獨散意識和夢中意識三種。現表列如下：

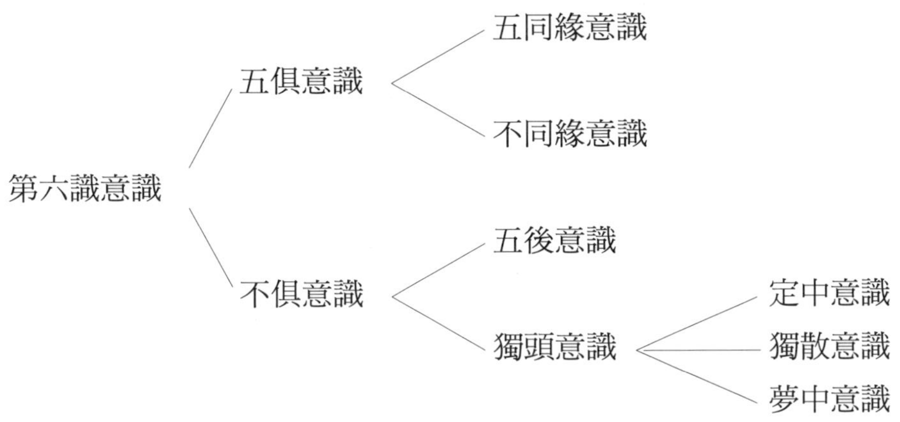

五俱意識：　意識與前五識（眼耳鼻舌身）同時俱起。

五同緣意識：意識與前五識同時俱起，並同緣一境。

不同緣意識：意識雖然與前五識同時俱起，但所緣境卻不相同。如眼識於遠處見煙，意識於同時推測到火（比量緣）；如眼識於夜中見繩後，意識於同時以為見到蛇（非量緣）。

不俱意識：　意識不與前五識同時俱起而是單獨生起。

五後意識：　雖不與前五識俱起並生，然非截然與前五識相離，前五識緣境後意識去想像前一剎那的五境。

獨頭意識：　不與前五識同時俱起，與前五識無關，而單獨生起的一種意識。

定中意識：　修習禪定時的意識，在這定中前五識都不生起。

獨散意識：　不與前五識俱起，只是回憶過去或追想未來等單獨生起的意識。

夢中意識：　做夢時的意識，這時前五識停止。

第六意識所依的根與前五識不同。前五識所依的根都是色法，是清淨四大（地水火風）所組成的「淨色根」，即眼耳鼻舌身的神經系統；而第六意識所依的根不是色法，是心法，是依第七末那識為根（稱為意根，即意識所依的根）。

前五識所緣的是色聲香味觸五境（色法），而第六意識能遍緣色心二法，即是說意識是「遍緣識」，不但能遍一切有為法（生滅法），亦能緣無為法（不生不滅法）。意識能遍緣一切內外境，不論有形、無形，過去、現在、未來，均能了別、思量、比較、分析、推測。前五識（眼、耳、鼻、舌、身）無分別、記憶的能力，能記憶的是意識。意識不只能記憶昨天，且能記憶到過往很長遠的時間。然而，意識的記憶，在現生中是有限的。有很多人都就此問題，向我提問：「法師，有輪迴就有前世、今生，何解我記不起前世之事呢？如果前世我做惡業，現世記不起，但在因果報應的規律下又要我受苦，這是否不公平呢？」意識是「審而非恒」的，即是有審察作用而非永恒的，也就是，其延續的時間是有限的。所以，通常人們問我這問題時，我會反問另一個問題：「那你還記得你三歲時做過的事情嗎？」回答是：「我不記得了！」。那你三歲時，即數十年前做過之事，尚且不記得，那又怎能記得前世千百多年那麼長遠之事呢！你現在一切所受的果，是你自己在前生今世所作的因所牽引產生的，所謂「因果報應，自作自受」，又怎能說對你不公平呢？

前五識是既不審察、又不永恒的是為「非恒非審」；而意識是不永恒，但是能審察是為「審而非恒」。時常不間斷、不停頓的是第七識和第八識。第七識末那識「恒審思量，執着自我」，它既永恒又審察是為「亦恒亦審」。第八識阿賴耶識是永恒的，但它不審察是為「恒而非審」。其實，世間無常，那有永恒之眾生與事物？不過藉「永恒」一辭，來比喻其時間性的長久或短暫而已。當所謂「永恒」的第八識阿賴耶轉識成「大圓鏡智」時，阿賴耶亦空啊！所以最後阿賴耶識亦不是永恒的。《金剛經》說：「無有少法可得，是名阿耨多羅三藐三菩提」，就是此意。

人類的禍福，一切作業，全在意識的一念之間，所以我們對於意識，不但要認識，且要嚴密控制，不要讓它向不正當方面發展。意識的用心，向好方面發展，成為慈悲，能令你造福人群；向壞方面發展，變為惡毒，甚至可以毀滅世界人類，必須加以控制！

第六識意識，「審而非恒」，即其活動是時有間斷的，有時會失去作用。在五種情況下，意識會停頓，而失去作用的，這情況名為「五無心位」：

1. 極重睡熟：謂眾生睡眠之時，六識昏昧，不能見聞覺知。
2. 極重悶絕：驚倒悶絕，六識昏昧，見聞覺知，瞬間頓息，謂「悶絕無心」。
3. 無想定：為色界無想天所修之定。修無想定時，身心俱滅，念慮灰凝，諸想不起，意識不動，謂「無想定無心」。

4. 滅盡定：入此定時修行者已超脫三界六度輪迴，一切受領思想之心，一時滅盡，如阿羅漢意識已清靜無我，謂「滅盡定無心」。

5. 無想天：在色界的無想天，無想天人修無想定時，身心俱滅，念慮灰凝，諸想不起，已無意識的存在。故《唯識三十頌》云：「意識常現起，除生無想天，及無心二定、睡眠與悶絕」。

已經講完第六識意識的通釋（概要），現在開始解釋其頌句。《八識規矩頌》前十二句是解釋前五識的，隨着現在要開始講的十二句，解釋第六識。現將句子重述一遍，然後逐句消文解義。頌文曰：

三性三量通三境，三界輪時易可知，
相應心所五十一，善惡臨時別配之。
性界受三恒轉易，根隨信等總相連，
動身發語獨為最，引滿能招業力牽。
發起初心歡喜地，俱生猶自現纏眠，
遠行地後純無漏，觀察圓明照大千。

三性三量通三境

意識通於三性：善性、惡性、無記性。這是由道德角度來說一切現象。凡是順於正理，於自己他人都有益者就是善；凡違於正理，於自己他人都無益者就是惡；無記性則是非善非惡。意識的活動範圍很廣泛，它的緣境功能，大大超過前五識的任何一識，而與其相應的五十一個心所（包括二十六個煩惱心所與十一個善心所等），都盡傾全力去協助它作善、作惡。當意識一念生起慈悲濟世之心時，即「善心所」必同時相應，使它產生善事；若一念生起損人利己之心，「煩惱心所」必同時相應，令它產生惡行。有時意識既不想善，又不思惡，則只有五徧行、五別境心所與其相應，成就無記性（非善非惡）的現行。

意識認知、了別、比較、測量一切外境的尺度謂之「量」。意識以三量去緣境：現量、比量、非量。現前的，若心識當下顯現、能觸、能看，不起籌度之心而為量度者，稱為現量，例如眼前所見之蘋果，就是現在眼前的蘋果，就是現量，耳聽到現時叩鐘之聲，亦是現量。這是現前的直接知識，我沒有對境加以比較、分別、憎愛等主觀感受，所以說是現量。前五識的識量是現量，因為眼見物、耳聽聲、鼻嗅香、舌嚐味、身觸物，都是現在直接，不作測度的認知。若識量存有分別、比較、推理、推斷，就成為比量了。若推測不正確，因為加入了自己的主觀、錯覺、感情的現量、比量，或無法量知（無知）之量，稱為非量。意識有現量、比量、非量三種尺度去攀緣（了知，認知）一切外境（表二十六）。

意識的所緣境有三類：性境、帶質境、獨影境（表二十七、二十八）。關於性境、帶質境、獨影境，在前五識頌中已經講過，不再在此冗贅。

表二十六

三性三量通三境

- 通三性
  - 善：意識想到要為善，與之相應的有 11「善心所」。
  - 不善：意識想到謀取一己的私利，不惜損害別人，則有與之相應的 26 煩惱惡心所，予以協助。
  - 無記：意識想這想那，不謀大眾或私人利益，亦不想惡，則有徧行，別境等心所與之相應，成就無記性業。
- 通三量
  - 現量：意識與前五識同時生起去現證實境時，或在定中領會禪定現前境界時，不錯不謬，是為現量。
  - 比量：在五識後生起的意識分別思量，計度尋伺的獨頭意識，或緣過去未來及夢等境，而推理判斷符合，客觀事實，且是正確不謬的，是比量。
  - 非量：上述不正確，錯謬者，是非量。

表二十七

通三境

（一）性境

意識與五識同緣真實之現境

（二）帶質境

意識緣境時，這境隨想像而生，兼帶些真實境的本質，有相似之處。如「識」緣五蘊，妄執為「我」，但這我境不是無由而有，是託五蘊而生，雖託五蘊，亦是隨心而生的，是帶質境（謬解不正的）又如黑夜見人，執以為鬼，心生鬼境，而必仗人境，人實非鬼，而執是鬼。

（一）真帶質境：

如第七末那識緣第八阿賴耶識的見分為「我」。這「我」成為第七識的相分，但這相分，實由七八二識兩個見分中間連帶而生起的，能所同一見分，所謂「以心緣心真帶質，中間相分兩頭生」，這真帶質境，是沒有外塵的，只是自心緣於善惡心所，徧行，別境，不定等心所，所以說「以心緣心」。

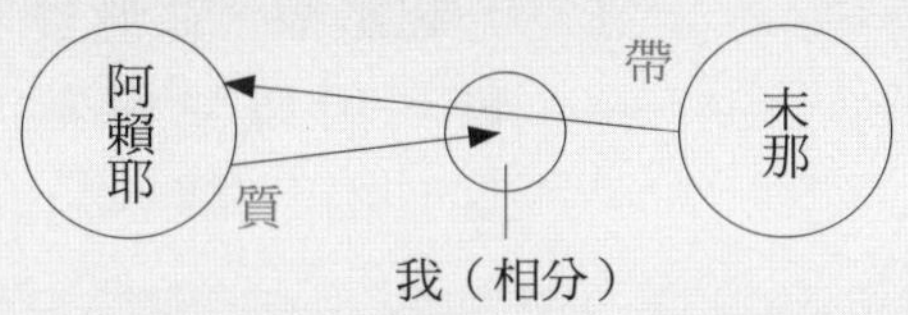

（二）似帶質境：

如第六識緣五塵落謝下來的影像，即「以心緣色似帶質，中間相分一頭生」。這是意識見分心上一頭生起的幻象，所以說「以心緣色」，只是有相似本質。唯從能緣見分一頭變帶生起。

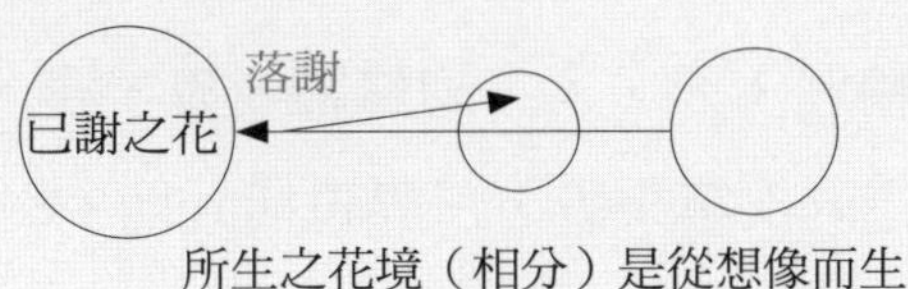

所生之花境（相分）是從想像而生

表二十八

通三境		
（三）獨影境	這境唯有影像而無所依託的本質，即是隨心而生的相分。例如思惟過去的事，但憑記憶心起影像，並無實質。思惟未來事，但憑設想，推比，心起影像，並無實質，所以見解無定，可正可謬。	（一）無質獨影： 如第六意識緣龜毛兔角，及過去、未來的事。龜毛兔角無實質所依託，幻境亦如是。 （二）有質獨影： 第六識緣水中月、鏡中像，雖託質而非真實。亦通於「似帶質境」。

三界輪時易可知

意識不但通於三性、三量、三境（如上文所說），並且還徧行於三界。何謂三界呢？三界：即是欲界、色界、無色界，是一切在六道輪迴（天、人、阿修羅、鬼、畜、地獄）的眾生所居的範圍。從禪定的次第來說，三界包括九地（表二十九）。

意識造業的作用廣大，不是其他任何心識所能及，因為前五識要由第六識（即意識）才得生起作用。就「身口」二業來說，第七、八識不造業，唯意識造業，因為它是「身語」二業的根本。推動

表二十九

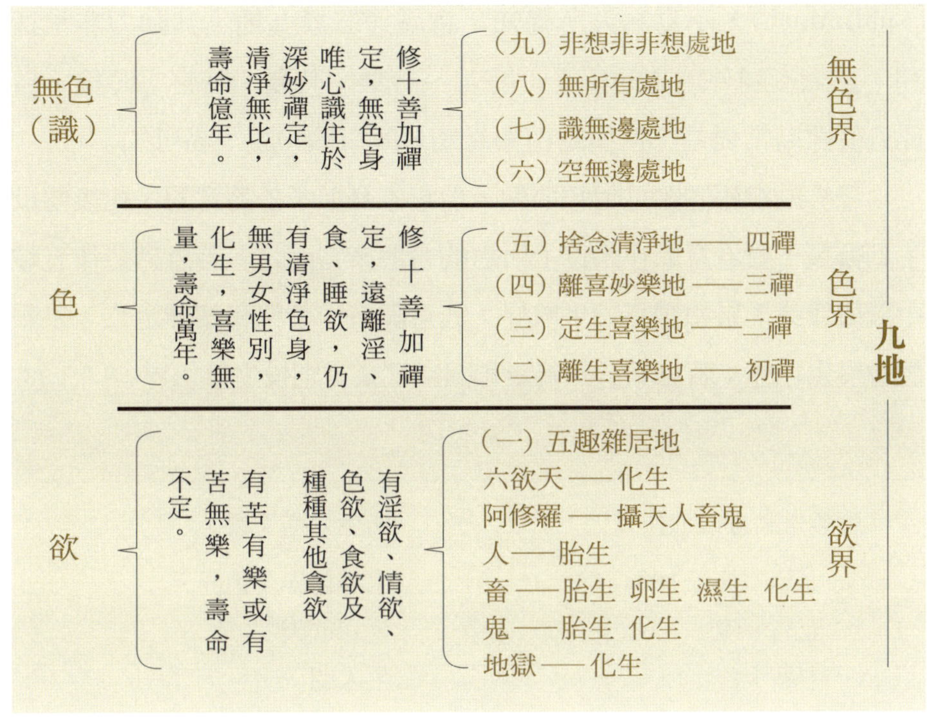

業力的，就是意識的功能，所以三界內每個眾生，遭受輪迴生死之苦，都是由自己意識所造的。《地藏經》云：「南閻浮提眾生，舉止動念，無不是業，無不是罪。」這「舉止動念」就是意識的活動。無論是善業或惡業，其受報的成熟時期分三種：

1. 現報：今生作業今生受報；

2. 生報：今生作業下一生受報；

3. 後報：今生作業，隔二生，三生，乃至多生後才受報。

如前所說，前五識（眼耳鼻舌身）不通三界九地。第七識

（末那）、第八識（阿賴耶）雖通三界九地，但行相極端幽隱微細（subliminal），不易為人所覺知。意識通三界九地，其動力非常猛利。意識接觸外境時的感受：時苦、時樂、時憂、時喜、時捨，於此五受雖時常變易，但極為粗顯易知，所以頌句說「易可知」。

三界的總報體雖是阿賴耶識，但它本身並不是隨意的，死後要投生到哪裏，要看意識在因位上所造的善惡業力而定。若意識造作五趣中善惡雜業，果報體將投生欲界；若意識造作善業和四禪定業，果報體會投生色界；若意識造作善業和四空定業，則投生無色界（表三十）：

表三十

意識帶動身口造作（因）	所生六道（果）
上品十善（加禪定）	生無色界，色界天
上品十善	生六欲天
中品十善	生人間
下品十善	生阿修羅（天道阿修羅）
上品十惡	生地獄
中品十惡	生畜生道
下品十惡	墮鬼道

從因緣果報，業力輪迴的角度來說，死後果報體將會投生到哪裏，都有跡象可尋。三界內的有情眾生，不斷流轉於生死苦海，從未止息過。這完全是由於意識的引導牽纏，而意識作業的力量強大難控。雖難調難伏，但其感受粗顯易知，不像第七，第八識那樣幽隱微細，故說「三界輪時易可知」。

相應心所五十一

《瑜伽師地論》把宇宙萬法歸納為六百六十法。唯識宗《大乘百法明門論》將這六百六十法再歸納為百法，又束之以五位，名為

表三十一

五位百法

《瑜伽師地論》把宇宙萬法歸納為六百六十法。唯識宗的《大乘百法明門論》將這六百六十法再歸納為百法，又束之以五位，名為「五位百法」

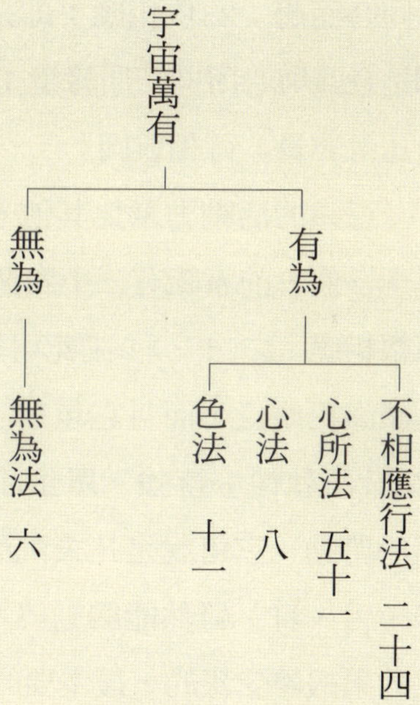

頌曰：

色法十一心法八	19
五十一種心所法	51
二十四種不相應	24
六種無為成百法	6
	100

宇宙萬有
- 無為
  - 無為法　六
- 有為
  - 色法　十一
  - 心法　八
  - 心所法　五十一
  - 不相應行法　二十四

註：「有為」者，一切處於生滅變化的現象，以生、住、異、滅為其特徵，如五蘊即是有為法。「無為」者，涅槃之異名，非由因緣所造，離生滅變化而絕對常住。

「五位百法」，所以學習法相宗者，都會背誦這首偈，以助記憶百法（表三十一）。

這百法在講前五識頌句時已解釋過。意識的活動範圍甚廣，與它互相酬應的心所法包括了所有五十一種心所法。在八個心王（前五識、意識、末那識、阿賴耶識）中，唯一與五十一個心所全體相應的只有意識，可知意識的「徧計所執」力量比其他各識強得多了！何謂意識與心所相應呢？「相應」有四義：1. 時相應：即是意識與心所同時而起；2. 依相應：即是意識與心所同一所依根；3. 緣相應：即是意識與心所同一所緣境；4. 行相應：即是意識與心所的三量（現量比量非量）行相俱同[1]。

意識的活動力量比其他七識強大。唯識宗說我們的心所總共有五十一個，前五識有三十四個（表三十二），第六識與全部五十一個心所都相應（表三十三），由此可知意識不單動力強，它的活動範圍比其他諸識更廣泛，而且它包括了千頭萬緒的五十一個心理作用，所以「徧計所執性」特強。眾生流轉生死苦海，六道輪迴，都是由於意識的帶動。它可說是凡夫沉淪三界的罪魁禍首。前五識（眼、耳、鼻、舌、身）雖然能觸動與增強意識的造業作用，但實際上牽引凡夫的果報體受報的，最主要的還是第六識的力量。

1 唯識宗主張一切影像必於心內顯現，以之為所緣，更生起能緣之相，即心內有能緣、所緣之二相，所緣之相稱為相分，能緣之相稱為見分，此見分即所謂之行相，是為見分行相，屬於心識之認識作用。

表三十二

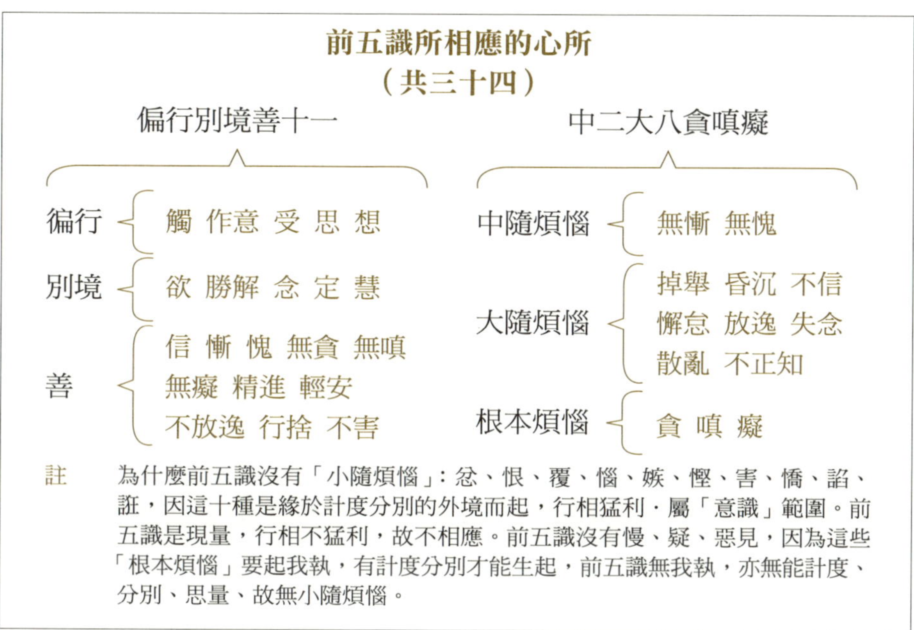
前五識所相應的心所
（共三十四）
偏行別境善十一
中二大八貪嗔癡
偏行
觸 作意 受 思 想
別境
欲 勝解 念 定 慧
善
信 慚 愧 無貪 無嗔
無癡 精進 輕安
不放逸 行捨 不害
中隨煩惱
無慚 無愧
大隨煩惱
掉舉 昏沉 不信
懈怠 放逸 失念
散亂 不正知
根本煩惱
貪 嗔 癡
註
為什麼前五識沒有「小隨煩惱」：忿、恨、覆、惱、嫉、慳、害、憍、諂、誑，因這十種是緣於計度分別的外境而起，行相猛利，屬「意識」範圍。前五識是現量，行相不猛利，故不相應。前五識沒有慢、疑、惡見，因為這些「根本煩惱」要起我執，有計度分別才能生起，前五識無我執，亦無能計度、分別、思量、故無小隨煩惱。

表三十三

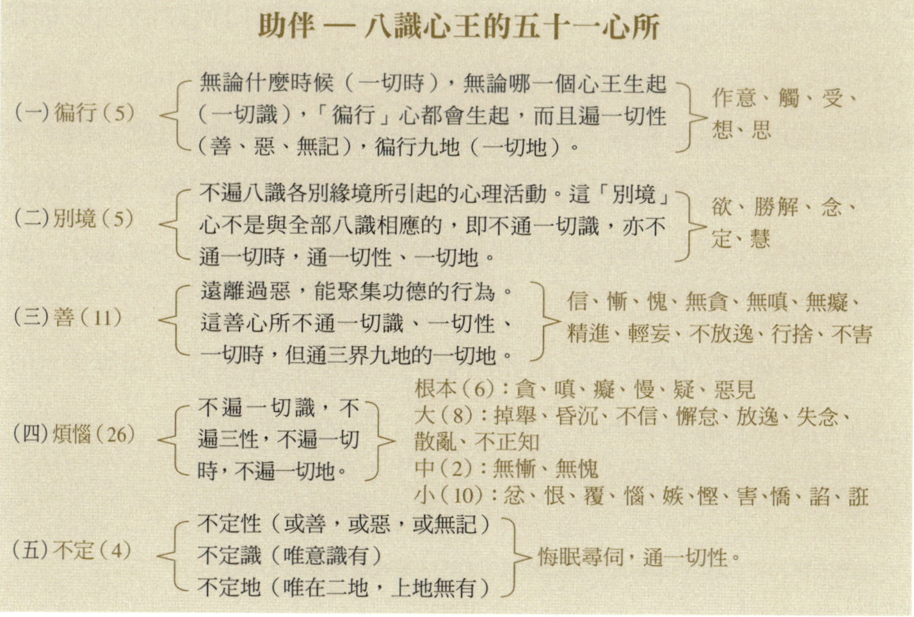
助伴 — 八識心王的五十一心所
(一)偏行(5)
無論什麼時候（一切時），無論哪一個心王生起（一切識），「偏行」心都會生起，而且遍一切性（善、惡、無記），偏行九地（一切地）。
作意、觸、受、想、思
(二)別境(5)
不遍八識各別緣境所引起的心理活動。這「別境」心不是與全部八識相應的，即不通一切識，亦不通一切時，通一切性、一切地。
欲、勝解、念、定、慧
(三)善(11)
遠離過惡，能聚集功德的行為。這善心所不通一切識、一切性、一切時，但通三界九地的一切地。
信、慚、愧、無貪、無嗔、無癡、精進、輕安、不放逸、行捨、不害
(四)煩惱(26)
不遍一切識，不遍三性，不遍一切時，不遍一切地。
根本(6)：貪、嗔、癡、慢、疑、惡見
大(8)：掉舉、昏沉、不信、懈怠、放逸、失念、散亂、不正知
中(2)：無慚、無愧
小(10)：忿、恨、覆、惱、嫉、慳、害、憍、諂、誑
(五)不定(4)
不定性（或善，或惡，或無記）
不定識（唯意識有）
不定地（唯在二地，上地無有）
悔眠尋伺，通一切性。

善惡臨時別配之

這頌句的意思是說：「意識與善惡心所隨時逐境而生，遇善則與善心所相應，遇惡則與煩惱心所相應，邪正井然，不相混濫，但就善惡一念起時，則心所齊集，以類相從，故曰分別配之。」[1] 意識在五種情況是不活動的（前面已講過，現在重溫），稱為「五無心位」：1. 極重睡熟：此時六識昏昧，不能見聞覺知；2. 極重悶絕：由於受傷或病苦，而一時氣絕失心；3. 滅盡定：入此定時一切受、想、思之心，一時滅盡，是俱解脫之阿羅漢，欣樂涅槃妙寂所入之無心定；4. 無想定：無想定者，即色界無想天所修之定。修無想定時，身心俱滅，諸想不起；5. 無想天：外道生於色界四禪天之無想天，五百大劫間受無心果報之位。

意識除在「五無心」位不起活動作用，其他任何時間內，都是不停的，因為其作善作惡的力量很強大。但它的作善作惡，不是獨自能完成的，需要相應心所隨時配合、協助。善心所與惡心所，是對立的，所以意識是善是惡，要看怎樣的心所與之相應，始能發現它是善是惡，所以即便要到臨時隨緣分別配合，也是不會混作一團善惡不分的。

「善惡臨時別配之」這頌句所講的意識與心所的分配關係與相應活動，演培法師在他的《八識規矩頌》有頗詳細的解釋，現節錄於下，以供各善信同學參考[2]：

---

1 演培法師，《八識規矩頌講記》第 203 頁，台中：菩提樹雜誌社。

2 同上。

如意識接觸善境生起活動作用時，諸善心所就從自種子生起，與意識密切合作，參與意識的工作，完成意識所要作的善事。設意識接觸不善境生起活動作用時，無慚無愧的兩個中隨煩惱，忿、恨、惱、嫉、慳、害、覆七個小隨煩惱，再加根本煩惱中的嗔，計共十個煩惱心所，就從自種子生起，與意識密切合作，參與意識的工作，完成意識所要作的不善事。若意識接觸不善和有覆無記境生起活動作用時，貪、癡、慢、疑、不正見的五個根本煩惱，八個大隨煩惱，諂、誑、憍的三個小隨煩惱，計共十六個煩惱心所，就從自種子生起，與意識密切合作，參與意識的工作，完成意識所要作的惡業及有覆無記。倘善惡心所全不與意識發生關係，唯五徧行與五別境心所，從自種子生起，與意識密切合作，參與意識的工作，完成意識所要完成的無覆無記性，可見善惡兩類心所，決不能同時生起。

至於善惡兩類心所各自本身：十一善心所的體性，相互順益而不相互違損的，所以可能同時生起。至諸煩惱心所，俱起或不俱起，是沒有一定的，要看實際情形。有的是可俱起的，如無明及八個大隨煩惱，可與一切惡心所俱起。至貪與嗔、慢與疑、疑與見，還有十個小隨煩惱，因它們的互相相望，彼此行相絕對乖違，所以不能同時俱起。至兩個中隨煩惱，僅能與小隨煩惱中的忿、恨、惱、嫉、慳、害、覆七個惡心所同時生起，不能普遍一切染心所及有覆無記性。至五徧行、五別境、四不定心所，均可同時生起，因它生前沒有熏成善惡種子，雖今生遇善不生善，逢惡不生惡，隨於善惡無記的三種心性，其體也就成為善惡無記的三性。因為如此，所以意識是善是惡，不能預先給予硬性規定，要看怎樣的心所與之相應，始能發現它是善是惡，所以要到臨時隨緣分別配合，方不致於混成一團的善惡不分！

性界受三恒轉易

這頌文解釋意識的活動行相。「性」是善、惡、無記（或稱「捨」）三性（表三十四）。這是以道德的角度去看意識活動的性質。

表三十四

意識的「性」行相		
如意識不與善惡心所發生相應關係（即不善不惡，或稱「捨」）	如意識接觸惡（不善）境生相應互動時	如意識接觸善境生相應互動時
唯有「五遍行」與「五別境」心所從潛在於阿賴耶識的自種子生起，與意識密切合作，完成無覆無記性行為。	諸不善心所就從潛在於阿賴耶識的自種子生起，與意識合作，完成不善行為。	諸善心所就從潛在於阿賴耶識的自種子生起，與意識密切合作，完成善行為。

「界」是欲界、色界、無色界。「受」是前五識的三受：苦受、樂受、不苦不樂受（捨受），加上意識的憂受、喜受，成為五受。意識在三性（善、惡、無記）三界（欲界、色界、無色界）三受（苦受、樂受、不苦不樂受）之中，它的活動範圍廣泛，面對境界的千絲萬縷，意識必須善變。從時間的角度看：苦、樂、捨受通現在；憂、喜通於三世（過去、現在、未來），應付各種不同的境界（表三十五）。

表三十五

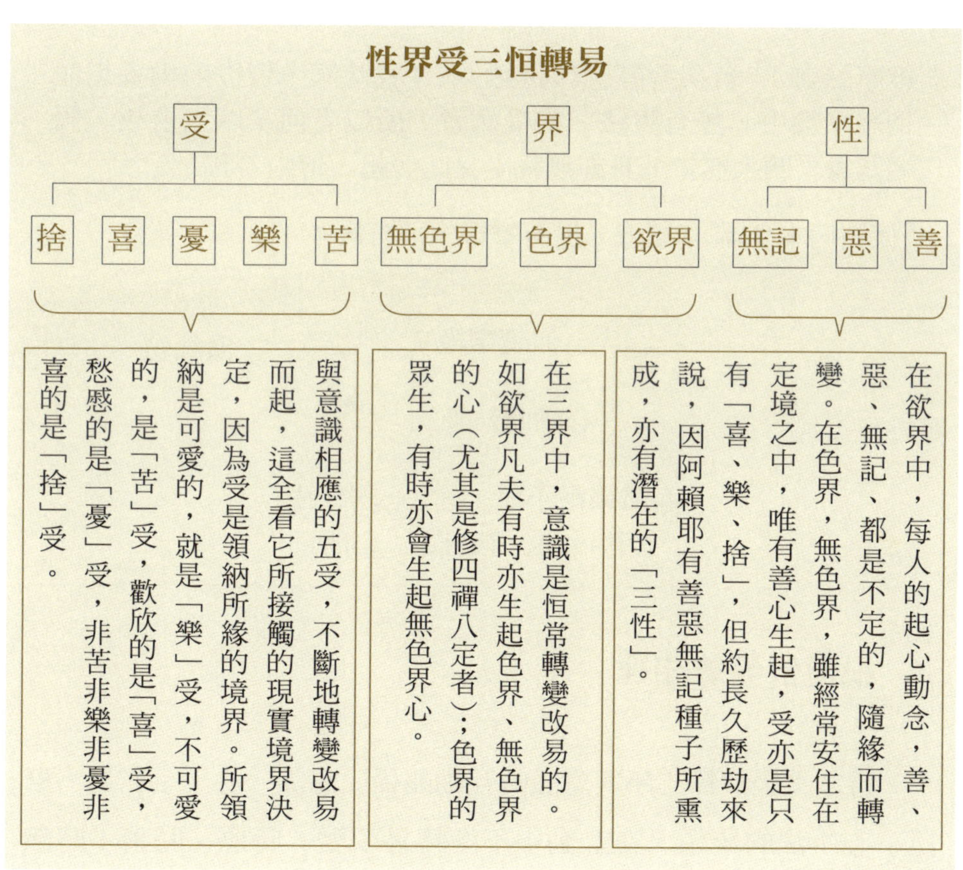

意識的「徧計所執性」（即眾生的妄想執着）是強烈的，而且靈活善變，攀緣執着外境（表三十六）時善，時惡，時苦，時樂，時喜，時捨，時生欲界心，或色界心，或無色界心，不斷轉易。

表三十六

何謂攀緣？

《維摩詰經》文殊師利問疾品第五

文殊師利言：「居士，有疾菩薩，云何調伏其心？」

維摩詰言：「有疾菩薩應作是念：『今我此病，皆從前世妄想顛倒諸煩惱生，無有實法，誰受病者！所以者何？四大合故，假名為身；四大無主，身亦無我；又此病起，皆由着我。」

「何謂病本？ 謂有攀緣。從有攀緣，則有病本。」

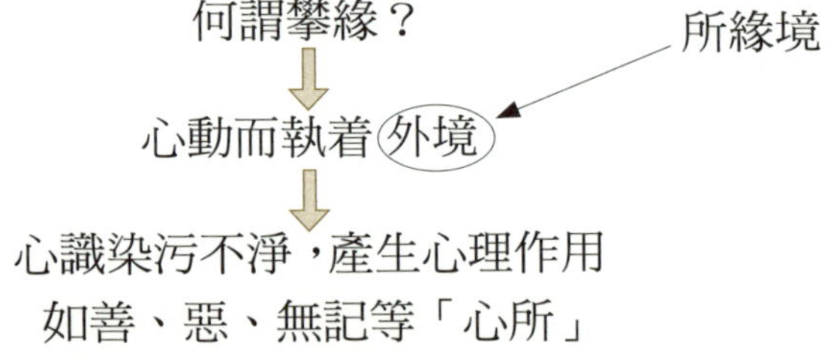

根隨信等總相連

這頌文是解釋心所與意識的互動關係。意識「心王」作為「群臣」心所法的統領，在互動中不斷轉易改變：時惡、時善、時無記，因為心所是聽從心王所指使的，跟着心王工作。意識心王既於三性、三界、三受中恒常轉易改變，五十一個心所，自然隨之互相牽連而變易，所以頌文說「根隨信等總相連」，「根隨信等」是「心所」法。

在這裏我想與大家討論一個現實的問題。學習唯識者不要只着重文字名相的熟習，這不過是「文字般若」，要把其所詮釋的哲理實踐於生活中，這才是「觀照般若」，從而啟發智慧，趣向「實相般若」。研究「心所」使我們啟示些什麼呢？其目的在於令我們時刻以「心所」為鏡，隨時反照內心。每有起心動念，立即如理作意地反問自己：

我今一念，落在何處？
善？惡？無記？
若是善，是何等善？
若是惡，是何等惡？
為什麼要起這念頭？
若是煩惱念頭，要覺察它的生起、持續與消滅？

如是者能時常反照內心每一念頭，即是能提起正念（become mindful），漸漸能令已生之善增長，未生之善令生，已生之惡令滅，未生之惡令不起。總而言這些心所：「徧行」五、「別境」五及「不定」四，皆通三性，或善或惡或無記，「善」十一純是善，「煩惱」二十六純是惡。

若意識是善的，善心所立即附和，同時生起。若意識是惡的，根與隨煩惱染污心所，亦立即附和，同時生起。若意識是無記的，「徧行」五、「別境」五、「不定」四等無記心所，亦立即附和，同時生起。不過由於徧行、別境、不定等心所是通於三性的，所以它們並不單行保持原有的無記狀態，而是隨識而變易。三界、三受亦復如是。意識心王與心所的互動如下：

表三十七

「根隨信者總相連」

「信」等即	善心所	11
「隨煩惱」	大煩惱	8
	中煩惱	2
	小煩惱	10
「根」即	根本煩惱	6
「等」包括	五徧行、五別境、四不定	14
	總相連共有	51

動身發語獨為最

意識的作用是「造業招果」：作惡受惡報，作善受善報。「動身」即身體所造的行為，即「身」業；「發語」即口所出的言語，乃「口」

業。須知身與口本身是不會造業的，誰帶動身口作業呢？我們的一切行為、言語、思想，都是心識去帶動的。行為不能自動，言語不能自發，其中必有一個「動身發語」的推動者在心內。這推動者從總括來講是八識：眼識、耳識、鼻識、舌識、身識、意識、末那識、阿賴耶識，但八識中以意識的行相業用最強，所以說「獨為最」。

這句「動身發語獨為最」，連同下一句「引滿還招業力牽」是解釋意識的「業用」。何謂業用呢？造了殺、盜、淫等業時便叫做「身業」，造了妄語、惡口、綺語、兩舌時稱為「口業」，意識緣想過去、現在、未來的一切而生貪、嗔、癡等業是為「意業」。這身、口、意三業能招引出業的作用（即其因果報應的作用），善業生善果，惡業生惡果，不善不惡（或稱「無記」）生不善不惡果。

身口意三業之中以意業為主導，身體的行為，口中的言語，全都是配合意識的分別而起的。其中必經過三個「思心所」的階段，然後才採取「動身發語」行為：

1. 審慮思：境界現前，意識先作一番計度思考，籌量其利害、得失、善惡、是非等；
2. 決定思：既審慮已，乃作出付於實行的決定；
3. 動發思：既決定已，由「思」心所動身發語，處理當前一切境界，所謂動發，是由身口二者去執行，即身作出行為，口發動言語。

這三種與意識相應的思惟作用，就是五徧行中的思心所。這思心所雖八識悉皆同有，但前五識（眼耳鼻舌身等識）只是意識的資助用具，不能直接地發動身語。能直接動身發語的唯有第六意識，

表三十八

我法二執

我執

眾生之體，原為五蘊（色受想行識）之假和合。當凡夫執着：認為這「自我」是有主宰作用的實體，就念念產生「我」與「我所」的妄想分別，是名「我執」。其實「我執」是一切謬誤與煩惱的根源。眾生因我執而生煩惱，因煩惱而作身口意三業，因作業而受報，流轉生死苦海。

（一）俱生我執：先天性的虛妄熏習，通於六七二識。除阿羅漢、八地以上菩薩、如來以外，餘皆有此熏習。

（二）分別我執：後天性的種種緣習，唯限於第六識。

法執

將所有存在（法）的本質認為是固定不變的實體，稱為「法執」。若我執存在，則必有法執。起法執即生「所知障」；起我執則生「煩惱障」。法執唯通第六、七二識。

（一）俱生法執：此乃無始以來熏習成性的種子，與生俱來。

（二）分別法執：現世於邪教、邪師所說之法執為實法，是後天性的種種緣習。

所以說「獨為最」。至於第七識（末那識）雖有執我執法（表三十八）的作用，第八識（阿賴耶識）雖有持種的功能，但是這兩識的思心所是屬於任運之思，既不採取實際行動，亦沒有強勢的損益功用，不能直接引業。直接強猛勇銳地動身發語的，唯有意識有這功能。

意識是「偏緣識」（omnipresent, always active），它的作用強大而周遍，不但能遍一切有為法，也能緣無為法，不但能緣現在法，也能緣過去、未來法。它如果與前五識同時俱起，即名為「五俱意識」；如果不與前五識俱起，即名為「獨頭意識」，現解釋如下：

1. 明了意識：與眼、耳等前五識同時俱起，對於外境之善惡，長短，方圓等，一一皆能明了，分別而取境，亦名「五俱意識」。

2. 定中意識：與一切定心相應，亦即「獨緣定境」，而不與前五識同緣，故無一切塵境作為它的對境。

3. 獨散意識：不與前五識俱起的散亂意識，雖不緣五塵之境，但散亂紛雜而徧計諸法，或緣空中花，水中月，或緣過去、現在、未來一切諸法，然其狀態，非禪定，亦非夢境。

4. 夢中意識：不對諸塵而於夢中見種種境界，此乃由心王性境變現而產生諸相的精神作用。

引滿能招業力牽

「引」者引導牽纏，引業是總業，或稱總報。例如：生前常作殺生、偷盜、邪淫的人，其惡業的力量就能夠牽引他墮三惡趣（地獄、餓鬼、畜生）受苦；生前常作布施、持戒、忍辱的人，其善業就會牽引他到二善趣（天、人）享樂。換言之：凡人一生中造善惡邪正等業，其中必有最為主要，或是最強的業力，此業能招感未來世生於鬼，畜，人，天等諸趣的果報，稱為「引業」。這引業令我們認識到因緣果報的道理：如是因招感如是果。（表三十九）

「滿」者是業的究竟圓滿，屬別業，是總報中的別報。除引業外，其他一切諸業（非主要者）能決定六根具足與否，身體之強弱，壽命之長短，及其他貧富貴賤等各各差別的果報，稱為「滿業」。換言之，「引業」是總報，例如投胎做人，做怎樣的一個人呢？高

表三十九

十善因果（簡略概說）

不殺生——長壽，少病
不偷盜——富裕，財物不被侵損
不邪淫——夫妻貞良，得悅意眷屬
不妄語——發言人信，不被誹謗
不綺語——言有威信，口才伶俐
不惡口——不聞惡聲，言無諍訟
不兩舌——眷屬歡樂，親友和睦
不慳貪——富貴、知足、寡欲
不嗔恚——心常安樂，容貌端正慈祥
不愚癡——聰明智慧

十惡因果（簡略概說）

殺生——短命，多病
偷盜——貧窮
邪淫——夫妻眷屬不貞良
妄語——多被誹謗，為他所誑
綺語——言無人信，語不明了
惡口——常聞惡聲，言多諍訟
兩舌——眷屬乖離，親友弊惡
慳貪——心不知足，多欲無厭
嗔恚——常被他人批評，惱苦
愚癡——生邪見家，其心諂曲

矮肥瘦、賢愚美醜等各自不同的身形氣質，這是「滿業」，能令整個果報體圓滿其應有的業報，所以稱為「滿業」，又因為這「滿業」各別，故又名為「別業」。

「身口意」三業能招引滿二種業果：引業與滿業，牽引八識受生死輪迴之苦。這招引是怎樣發生呢？須知意識經過三個「思心所」的階段（審慮思、決定思、動發思）後，「動身發語」，就能造成強而有力的善惡業，熏成善惡業種子，藏伏在阿賴耶識中，到其業力與因緣相應成熟時，能帶業輪迴到六道中去感受一期相續不斷的苦樂總報體。前五識本身不能造業，要由意識牽引方能造作，所以頌句云「引滿能招業力牽」。

「能招」是說引、滿二業能招感總、別二報。那麼，「業力牽」又是什麼意思呢？眾生各自不同的果報體，完全是由意識動身發語所造成的業力所牽引的。業力究竟是什麼呢？關於「業力」，在這裏不妨多說一些。

業（梵語：karma）意譯：「造作」，包括個人的行為，社會的活動，自然界的運作。眾生有三業：身（行為）、口（言語）、意（思惟）。由身、口、意所造的業力（無論善、惡、無記）會產生一種力量，驅使新的行為造作，新的行為又會產生新的力量。如此輾轉相生，互為緣起，形成強大無比的「業力推動輪」。業的空間和時間很廣闊。從空間的角度去看，業力的範圍包括三界：欲界、色界、無色界，內有四生、六道輪迴；若從時間角度去看，業力包括三世：過去、現在、未來。過去的業因招感現在的果報，現在的果報與業因，又牽引未來的果報。如此輾轉相生，互為緣起，形成強大無比的業力。

業力就是因緣果報嗎？不少人把業力和因果混為一理。其實，猶如火車與車軌一樣，「業」是因果的火車（動力），「因果」是業的「軌則」，兩者是息息相關的。業是永遠不滅的，除非到了「無餘涅槃」，一切業力方能徹底淨盡。業亦不會因為死亡而消滅。人死亡之後，「業」的力量會驅使他轉換一個別的形式，隨着他生平所作的善、惡、無記業力，又形成一個新的生命體（俗稱投胎）。這種轉換狀態叫做「六道輪迴」。

發起初心歡喜地

這頌句「發起初心歡喜地」是講怎樣修正自己的意識，令它達到清淨、覺悟的境界，即是要道出菩薩在修習止觀的過程中，歷經十住、十行、十回向時，初登十地中之初地是怎樣的？怎樣將意識去「轉依」？何謂「轉依」呢？須知凡夫的生活，迷昧的時候多而覺悟的時候少，而且大多數都是迷昧的。換言之：眾生所依的都是世間的有漏業（執我、執法所生的一切煩惱），所以感受的都是五趣的果報（天、人、地獄、餓鬼、畜生）。若眾生修出世的無漏智，就會得出世的聖果。眾生所依止的一切法，有染有淨。「轉依」者，即轉捨染法，轉而得依於淨法去修行。轉捨「煩惱障」為菩提；轉捨「所知障」為涅槃（表四十）。

「轉依」亦即是唯識宗所講的「轉識成智」(轉雜染的識為清淨的智，transformation of tainted consciousness into pure wisdom)。佛陀是完全開悟的覺者，淨除了一切煩惱，具足了圓滿的智慧；或以菩薩為例，菩薩在登地以後，亦能依其高深的覺悟和定力，轉煩惱成為般若。由這些聖者的成就可知，轉識成智是絕對可能的，而這些成就者正是我們最好的榜樣，因為我們還是凡夫，無法即刻將煩惱轉化成為智慧，若能依照佛菩薩的方法去修行，便能逐漸達到覺悟的境界。

然而要轉煩惱成為智慧，首先必須認清煩惱是什麼。煩惱的魔力很強，如果你完全放縱它，絲毫不加以約束的話，那它會變得強大無比而無法控制，但如果你願意修持佛法，予以對治的話，這些煩惱就會變得不實在，一點威力也沒有了，所以煩惱有沒有威力，完全決定在我們有沒有修行。

表四十

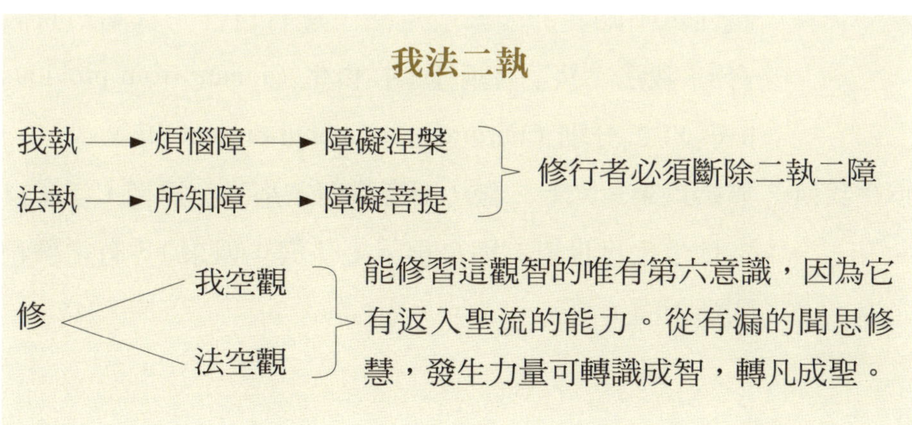

眾生都正受着種種的苦難[1]、爭鬥與不和，然而痛苦的根源，就是對煩惱的放縱，煩惱毒能使國家社會產生仇恨與不祥和的氣氛，但若我們能修持對治的法門，煩惱便失去影響力了，因為它們根本是不實在的，其自性是空的，是變幻無常的，緣聚則生，緣散即滅，它們是可以被改變的，只要我們能修持適當的法門，就能改變它，減弱它的威力，直至煩惱徹底消滅，此即所謂「轉識成智」。

現在繼續解釋「發起初心歡喜地」，從無始來，眾生的意識一向順着生死流轉，輪迴六道，苦不堪言。這「生死流」是由「我、法二執」所操縱。什麼是我執、法執？以前曾經解釋過，在此不妨再重溫以增記憶：

我執：　以不知人身為「五蘊」的虛假和合，而固執此中有真實的體性，認為有一常住主宰的「我」，因而生起「我見、我慢、我愛、我癡」等煩惱。

法執：　將世間所有存在一切（包括思想）之本質，認為有實在體性，不知其乃因緣所生法，無有自性，實屬幻有假合。「我法二執」有兩種：1. 俱生（innate from previous lives）；2. 分別（nurtured throughout present life）。

俱生我執：無始以來，六七二識（即意識與末那識）熏習，任運自然地生生世世恒常與身根俱生（與生俱來），有常續和間斷兩種：

1　人生最普遍的痛苦：生苦、老苦、病苦、死苦、愛別離苦、怨憎會苦、求不得苦、五蘊熾盛苦。

1. 常續：第七識恒時相續地緣（執着）第八識的「見分」為實我。

2. 間斷：第六識緣（執着）諸識所變的五蘊假相為實我，雖亦是從無始來即有，但有時暫停不起。

分別我執：無始以來，第六意識緣（執着）外境，且有種子內熏而起作用，生諸妄想分別，執着有一實我。

俱生我執是指出生即有，分別我執是指後天熏習而得。俱生我執

表四十一

菩薩修行次第

修行次第

見道位

在加行位時，所修四觀四智，因帶相故，未能實證真如。菩薩於此再修，證得所取之境空，能觀之智空，就是能緣所緣皆空，遂證「無分別智」。這時見道了，心中發出智慧光明，得大歡喜，入「歡喜地」，為十地菩薩之初地，第六意識轉為「妙觀察智」。這時最初成為聖人，所以名「初心」。

加行位（內凡）

這時修行轉向內心，修觀習定，如數息觀、四念處觀等，從聞思修，入三摩地。修「四加行」：暖、頂、忍、世第一。四位之中，前二位修「四尋思觀」，觀所取空（破心識所對的客境），後二位修「四如實智觀」（破我人主觀的心識），能所二取皆空，遂伏盡「分別我、法二執」，「俱生我、法二執」亦降伏，但其俱生種子尚潛伏在阿賴耶識中。

資糧位（外凡）

第六意識開始學習佛法，通常從語言文字入門，攀緣外境，如聽經、拜佛、誦經、拜懺等，修「我空觀」，觀五蘊無我，無我所，到十住、十行、十回向三賢位，降伏「分別我、法二執」，但未伏盡，而且「俱生我、法二執」尚存。

來自深層意識，很難切斷。分別我執只在表層意識中有，即因為後天外界的影響而形成的我執，因為不是與生俱來的，故較容易斬斷。

法執亦有俱生與分別兩種。這兩種法執任運而起，且最極微細，很難斷除，要到「修道位」（表四十一）時，修殊勝的「空觀」，方能逐漸除滅。比較法執來講，我執行相粗顯，斷除較易，一入初「見道位」時，見「無我」真理，就能除滅。

「初心」是在指菩薩修行的次第中，經過十信、十住、十行、十向後，登上十地（表四十二）的初地時的心態。十地的初地名「歡喜

表四十二

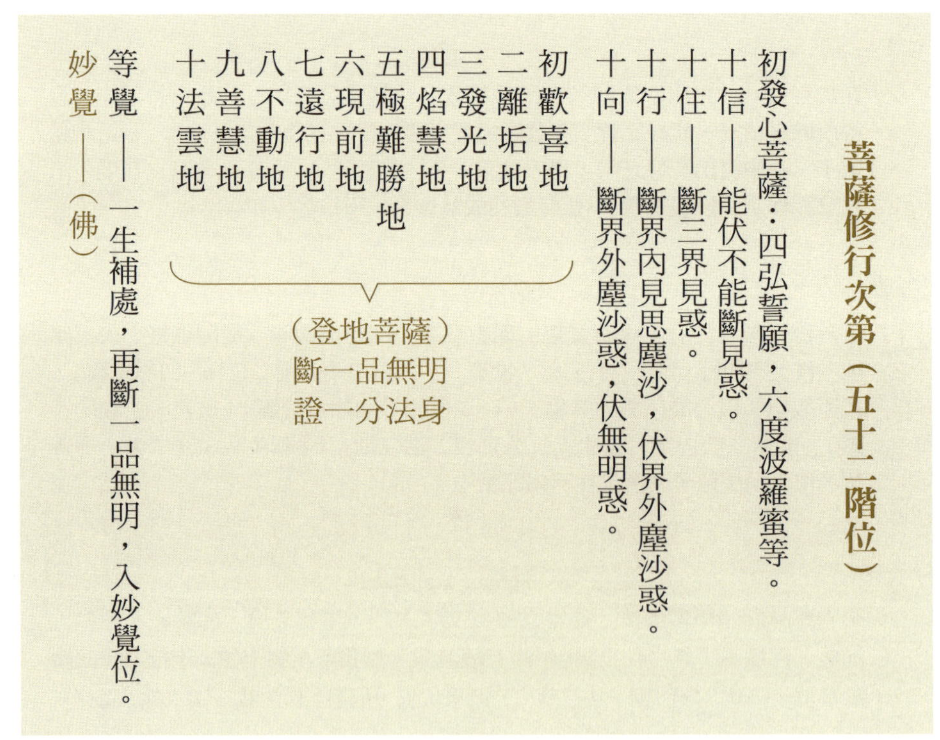

菩薩修行次第（五十二階位）

初發心菩薩：四弘誓願，六度波羅蜜等。

十信——能伏不能斷見惑。

十住——斷三界見惑。

十行——斷界內見思塵沙，伏界外塵沙惑。

十向——斷界外塵沙惑，伏無明惑。

初歡喜地
二離垢地
三發光地
四焰慧地
五極難勝地
六現前地
七遠行地
八不動地
九善慧地
十法雲地
（登地菩薩）斷一品無明 證一分法身

等覺——一生補處，再斷一品無明，入妙覺位。

妙覺——（佛）

地」，這時菩薩證得了我法二空真理，因為自信決定可以成佛，將來不但能成就自利行，且能積極地去完成利他行，所以生大歡喜。菩薩修行到了歡喜地，其時內心中的喜悅無法形容，所以名為「歡喜地」。所謂「初心」是指初入歡喜地的一念心，就在這時菩薩斷除了分別我法二執，從根本無分別智體開始證入真如。

表四十三

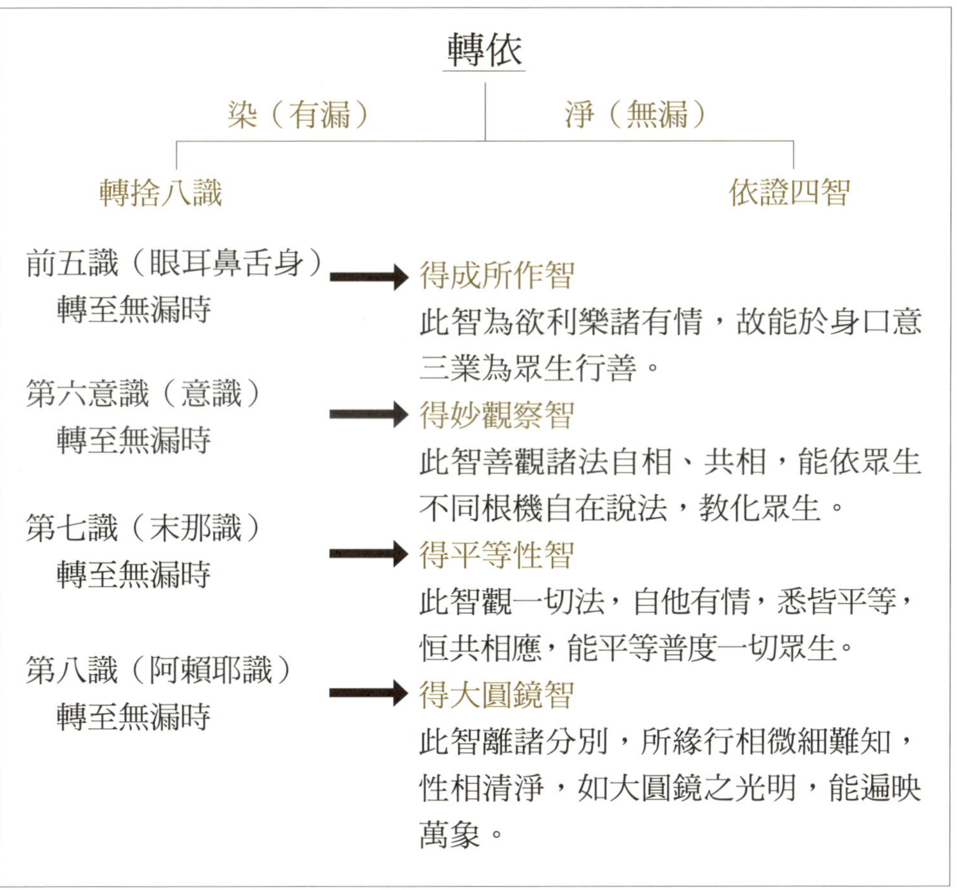

登上初地以後，菩薩體悟諸法真如妙理的無漏「根本智」生起，連觀察萬有諸法差別相的「後得智」亦現前，所以開始發起「妙觀察智」。這時菩薩還是鍥而不捨地繼續修我法二空觀。第六識開始轉依（表四十三），即是「轉捨八識，依證四智」，將有漏（煩惱）的八識漸漸轉為無漏（清淨）的四智。

俱生猶自現纏眠

上期講過，我法二執有俱生與分別二種。菩薩證入初地時，雖已斷除「分別我執」及「分別法執」，但出觀位的時候（即第六識不作我法二空觀時），「俱生我執」及「俱生法執」仍然會現前，因為這從無量劫以來所累積的俱生煩惱，是很難去除的。這俱生我法二執的力量能「纏」能「眠」。所謂「纏」，即是說俱生的煩惱還有一股相當強大的力量纏縛着這菩薩聖者，這「纏」的意思，是就二執二障[1]的現行說的。所謂「眠」，是就二執二障的種子說的，它們眠伏在阿賴耶識中，隨時會發生現行活動。

菩薩要修到第七地（遠行地）後，俱生我執的現行和種子都斷盡了，才是純淨的無漏境界，所以下一頌句說「遠行地後純無漏」。這時第六識就轉為妙觀察智，但這還是下品轉。由第八地（不動地）到第十地（法雲地）是中品轉；由等覺轉到妙覺（佛）是上品轉。

1 「我執」生「煩惱障」，能障礙涅槃；「法執」生「所知障」，能障礙菩提。

初地（歡喜地）的菩薩，雖然已經是聖人，但他們是不能常在定中的，有時也會出定。當他們出定時，六根（眼、耳、鼻、舌、身、意）接觸了六塵（色、聲、香、味、觸、法）……眠伏在阿賴耶中的「俱生我法二執」亦會糾纏他們的第六、七識而產生煩惱。由此可知煩惱「纏眠」的力量是多麼可怕啊！

遠行地後純無漏

「遠行地」，即菩薩十地[1]中的第七地。「後」者，即八、九、十地至等覺位。菩薩證到初地（歡喜地）時，意識雖已開始「轉依[2]」，但還沒有達於圓滿，因為「俱生我執、法執」的種子還是眠伏在藏識內，間中會糾纏第六、第七識。

初地菩薩繼續不斷地修行，例如修真如觀[3]，經過「有相有功用行」的階段，可達到化染為淨，提升自己的「妙觀察智」。從二地

1　十地，指大乘佛教修菩薩道行者所要經歷的最後十個修行階段：歡喜地、離垢地、發光地、焰慧地、極難勝地、現前地、遠行地、不動地、善慧地、法雲地。出自《華嚴經・十地品》（即《十地經》）及《大方廣菩薩十地經》。已發菩提心的菩薩行者，要歷經十信、十住、十行、十回向等四十階位修行福德與智慧資糧，然後進入十地修學。十地之後是等覺位，終極成佛是妙覺位。

2　轉依，「轉」，即捨去之義；「依」，即轉迷成悟所依證之法，亦即轉捨八識，依證四智。轉前五識為成所作智；轉第六識為妙觀察智；轉第七識為平等性智，轉第八識為大圓境智。

3　真如觀，又作觀真如禪、真如實觀、法身真如觀、如觀、真如三昧。即觀無相平等真如，得心想寂靜，伏滅諸煩惱（俱生我法二執）。《入楞伽經》卷三（大一六・五三三上）：「何者觀真如禪？謂觀察虛妄分別因緣，如實知二種無我，如實分別一切諸法無實體相。爾時不住分別心中，得寂靜境界，大慧！是名觀真如禪。」若能觀察諸法之非有非無而達一切法無相平等之理，則能伏滅諸煩惱，完成佛道。（《大乘起信論》、《瑜伽論記》卷三十六、《大乘義章》卷三末、《大乘止觀法門》卷三）

（離垢地）到七地（遠行地），所修的還是「有相有功用行」。所謂有相，指對諸法作有相觀，即是有修行的所緣境（例如修安般守意，觀十二因緣的流轉、還滅相、參話頭等）。所謂有功用行，就是在修觀行中，不是任運自然的，是要以身口意加功用行，才能於修行中得到相應。換言之：這時需要努力地以種種方法去修行，尚未達到自然而不需方法地「任運」而修。

七地（遠行地）後，功夫進步，漸修「無相有功用行」，此時「俱生我、法二執」漸滅，由下品妙觀察智轉升為中品妙觀察智。

從八地（不動地）起，就踏入「無相無功用行」。無功用行即不須藉所緣境去修，不加身口意的造作，任運自然修道。

經過九地（善慧地）、十地（法雲地），這時真如觀智更強，「俱生我、法二執」的種子亦斷盡，於是中品妙觀察智轉為上品妙觀察智，是純無漏智，所以說「遠行地後純無漏」。

總之，第七地（遠行地）是「轉依」的重要關卡：從「有相有功用行」漸轉為「無相無功用行」，這時遠遠超過二乘（聲聞乘、緣覺乘）的修行，所以稱為「遠行」地。在第八地（不動地）：這時菩薩的無分別智，任運而起，一切煩惱永不能再動擾他，得「無漏道」。但是由於還是耽着無相的寂滅，雖煩惱不動，但還不能如佛的無功用行那麼圓滿，那麼究竟。

觀察圓明照大千

「觀察」，指「上品妙觀察智」。此智慧能觀察萬有諸法的差別相，而善能運用無礙辯才與方法，廣度一切眾生離苦得樂。此智之妙用有圓滿、光明、清淨三義：

1. 圓滿：到第八地（不動地）後，第六意識轉為純一清淨的無漏妙觀察智，其體具足一切圓滿功德。
2. 光明：譬喻其體光明無量，照明一切黑暗。
3. 清淨：其體清淨無漏，任何染法，都不能與之相應。

諸佛菩薩之所以能夠化導一切有情，可說是完全由於能善於運用這第六識所生起的「妙觀察智」。菩薩修證至第十地（法雲地）時，其智慧是「上品妙觀察智」，故曰「圓明」。據《成唯識論》妙觀察智是這樣觀的：

1. 菩薩於定慧中「觀察諸法自相、共相無礙」，平等不二。自相是真如法性的本來狀態，湛然清淨；共相是諸法的無常性。菩薩親證了這真如本體後，又復體證千差萬別的諸法無常共相，對於這些自相、共相了悟得徹底圓滿，發揮了妙觀察智的功用。
2. 菩薩於定慧中得到「心一境性」[1]。他觀察無量事相時，能攝歸於一真如理體，使之在定慧中不散不失，發生無量功德，得到各種神通。這正如《成唯識論》所說：「攝觀無量總持、定門及所

1 心一境性（梵語：cittaikāgratā）：亦名定（samatha），即是不攀緣外境而專注一境的禪定力，與「九心住」中「等持」之體相同。

發生功德珍寶」。

3. 菩薩的妙觀察智能現起無邊作用，為眾生宣說佛法，斷諸眾生一切疑惑，令眾生轉迷成覺。這正如《成唯識論》所說：「於大眾會現無邊用，說法斷疑，有情獲益」。

這圓滿、光明、清淨的「妙觀察智」，能普照大千世界。何謂大千？這是「三千大千世界」的略稱。佛經中所說三千大千世界是這樣的：一個日月所能照的地方稱為一小千世界，等於現在所說的一個太陽系。集一千小世界，上覆以二禪三天，為一小千世界；集一千小千世界，上覆以三禪三天，為一中千世界；集一千中千世界，上覆以四禪九天及四空天，為一大千世界，而這三千大千世界就是一尊佛所化度的範圍。諸佛是無量無邊的，大千世界亦是無量無邊的，所以佛經常說「世界無盡」。但是，就佛的度生功能而言，不只可度一個大千世界的眾生，而是可度無量無邊的眾生。由於諸佛的度生因緣各自不同，所以佛經且說一佛化度一個大千世界。

現在已經講完第六識。

從第一頌（「性境現量通三性」）至現在所解釋的第二十四頌（「觀照圓明照大千」）為止，已經講完前六識（眼、耳、鼻、舌、身、意）。現在將前五識與第六識的義理，從境、量、性、界地、相應心所、依緣、顯體、業用、斷惑、果用（表四十四）的角度、作出一撮要表解，讓大家重溫：

表四十四

何謂境、量、性、界地、相應心所、依緣、顯體、業用、斷惑、果用？

（一）境（objects）：八識生起須要境界為它們的所緣（所依）；

（二）量（modes of knowledge）：識是能緣，境是所緣，在能緣間有識量生；

（三）性（moral nature）：從倫理道德的角度予以判別識的三種性能；

（四）界地（realm of its activities）：既有三性，業則各異，有情所流轉的六道界地各別；

（五）相應心所（concomitant mental functions）：與八識相應而用時存在的精神活動（心所）；

（六）依緣（necessary preconditions）：八識生起所依的種種條件與關係；

（七）顯體（its real nature）：八識的體性（本質）；

（八）業用（function of how does each consciousness）：諸識由染淨而起作用，造作諸業，感招業果；

（九）斷惑（spiritual transformation towards enlightenment）：轉捨劣染法之所依，而證得勝淨法之所依；

（十）果用（results of practice）：由修聖道，斷滅煩惱障，所知障而證得涅槃，菩提之果。

表四十五

前五識與第六義理撮要對照表

名相	前五識 （眼、耳、鼻、舌、身識）	第六識 （意識）
1. 境	性境	通於性境、帶質境、獨影境三境。
2. 量	現量	通於現量、比量、非量三量。
3. 三性	通善、惡、無記三性	通於善、惡、無記三性。
4. 界地	眼、耳、身三識通欲界五趣雜居地、色界離生喜樂地，鼻、舌二識唯通五趣雜居地。	通於欲界、色界、無色界三界。
5. 相應心所	三十四心所：徧行五、別境五、善十一、根本煩惱三（貪、嗔、癡）、中隨煩惱二、大隨煩惱八。	五十一個心所全部與之相應（徧行五、別境五、善十一、煩惱六、隨煩惱二十、不定四。）
6. 依緣	眼識九緣，耳識八緣，鼻、舌、身三識七緣。	依境、作意、染淨依、根本依、種子依五緣。
7. 顯體	自性分別	隨念分別、計度分別、自性分別。
8. 業用	了別外境（五識攀緣五塵。根塵識三和合之作用，方能現識。）	經過審慮思、決定思、動發思，發動身口，造引滿業，招輪迴三界果報。
9. 斷惑	第八識轉識成智時，根成無漏，前五識亦轉為成所作智。這時能示現種種無數不可思議化身，到一切世界廣度利樂一切眾生。 （1）為地上菩薩，現千丈勝應身； （2）為地前菩薩，現丈六劣應身； （3）為餘道眾生：凡聖同居土隨類化身。	（1）資糧位中，漸伏「分別起」我、法二執種子之現行； （2）見道位中，「分別起」之我、法二執種子斷滅，在初地中轉為「下品妙觀察智」； （3）修道位中，伏斷「俱生起」我、法二執種子之現行； （4）遠行地後，「俱生起」之我執種子斷滅，成純無漏，轉為「中品妙觀察智」； （5）等覺位，「俱生起」之法執種子斷滅，轉為「上品妙觀察智」。
10. 果用	分為三類化身， 教化眾生永息苦輪。	妙觀察智能觀察萬有諸法的差別相，而善能運用無礙辨才與方法，廣度一切眾生。

三、第七識：末那識

第六意識已經講完，現在講第七末那識。先作其義理的概要，然後逐一解釋其頌句。

第七末那識（梵語：manas-vijñāna，英譯：ego-consciousness）意譯為意，是思量的意思，思量我癡、我見、我慢、我愛。因為它是虛妄染污，所以又稱為「染污意」，而這「染污意」又是第六「意」識（梵語：mano-vijñāna，英譯：thinking consciousness）生起的基礎（是第六識的所依根）。既然末那識義譯為「意」，為什麼不把它定名為「意」識，而用「末那」呢？因恐與第六意識的名稱互相混淆，故保持其音譯，名為「末那識」，而不稱為「意識」。

這末那識「恒審思量」阿賴耶識的見分，將其執取為「我」。作為一種心識官能，末那識是中性的（即無記），亦即沒有什麼善惡或真妄可言，它只是執我，是染污的無記，故名「有覆無記」。這「有覆」的體性能覆蔽心識，令其不淨，障礙聖道。這執我的功能是深精奧妙的。但這功能本身不能自起作用，必須有因緣條件的配合才能生起作用。末那識生起所須具備的緣，在諸識中是較少的。九緣之中只要四緣：根本依、開導依（即等無間緣）、作意、自種子。第七末那識依第八阿賴耶識才得生起，所以《瑜伽師地論》說：「由有阿賴耶故，得有末那。」

潛伏在阿賴耶識的名言種子藉着末那識起現行，生分別認知的作用；由於無始無明的障礙，這分別作用不是智慧分別（分別智），而是虛妄分別（分別識）。這貯藏於阿賴耶識的「我」的名言種子，本身已含藏着無明虛妄的潛在性，故它藉由末那起現行時，就形成虛妄的「我」識，即妄執有一個「我」，以此虛假的「小我」為中心去面對世界。佛法認為這我執是人類眾生迷妄和罪苦的根源。現在開始解釋頌句，先標出文中解釋末那識的十二頌句：

帶質有覆通情本，隨緣執我量為非，
八大徧行別境慧，貪癡我見慢相隨。
恒審思量我相隨，有情日夜鎮昏迷，
四惑八大相應起，六轉呼為染淨依。
極喜初心平等性，無功用行我恒摧，
如來現起他受用，十地菩薩所被機。

帶質有覆通情本

這頌句解釋第七識的所緣境及其識的性質。何謂帶質呢？大家應知道，唯識學總括地分析一切境為三境：性境、獨影境、帶質境。帶質境有「似帶質」與「真帶質」兩種，但不論是真帶質或似帶質，都要託質而起（如鏡中像必依託鏡外實物的本質而出現），或託心質（心想），或託色質（實物），而不能孤獨生起。什麼是似帶質境呢？例如第六識的見分一切色法，而色法是無知的東西，其本身不會在心中無質地變現，是由第六識一方面變現出相分來（例如：用心意去想像某景物），這叫做似帶質。即所謂：「以心緣色似帶質，中間相分一頭生」。

第七識所緣的是以心緣心（不是像第六識以心緣色）。這以心緣心的境是「真帶質境」。這是什麼意思呢？

第七識的見分是能緣心，第八識的見分為所緣境，而在這七八二識的見分發生能所關係時，第七識變帶起第八識的見分本質，生出一個假相分，為其自己所緣的本質。因第七識無自體，所帶即其體，猶如鏡中所現的影像，帶持鏡外的實物為質，是為「帶質」（表四十六）。

表四十六

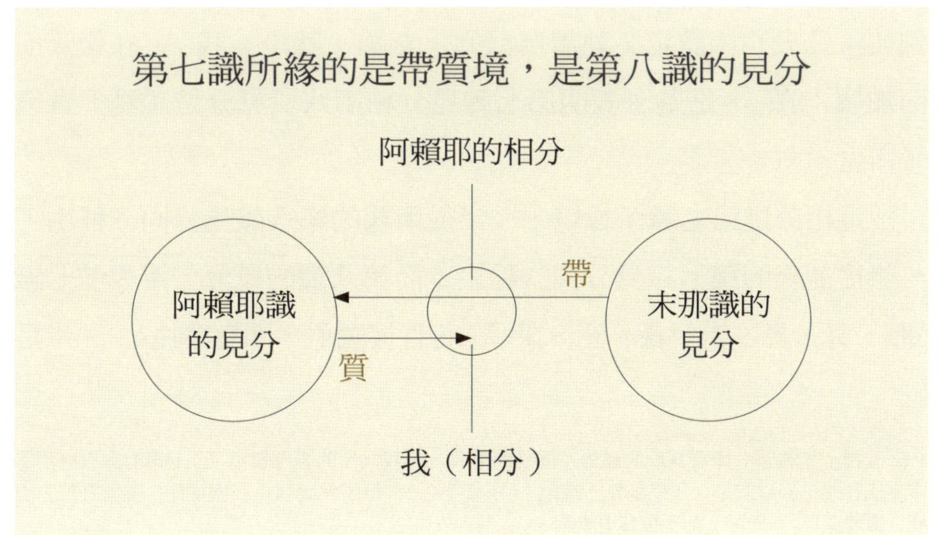

這第七識的本質是靠自己能緣的妄情（我見、我愛、我慢、我癡）而生，執着第八識的見分為本質。這假有的相分，不得使之屬於任何一方（第七識一方或第八識一方），二者可使之為其所依的本質，所以《八識規矩頌補註》曰：「以心緣心真帶質，中間相分兩頭生」。第七識的「見分」緣（攀緣執着）第八識的「見分」，變現出第七識的「相分」。換言之：這第七識的見分（能緣之心）執着第八識的見分，誤認為它是實在的「我」，這是以「心」（末那）緣「心」（阿賴耶）。何謂「中間相分兩頭生」呢？因為這末那識的「相分」，分別由末那自身的見分生一部分，又由第八阿賴耶識的見分生一部份。第七識與第八識的見分本質從（真）實種子，交帶挾起，故名為「真」，所以叫做「真帶質」。所謂「以心緣心」者，前一個心指第七識的見分，後一個心指第八識的見分，這兩個見分就是所謂的「兩頭」。帶質境的意思，是心識不能如實認知所緣境，屬於非量。例如：凡夫心內認定，執着自己的「五蘊」就是「我」。在帶質前面加個「真」，是為了表明第七識見分和第八識見分是（真）實種子所生。

這相分是第七識所緣境，一半從所緣的第八識見分同一種生，一半從能緣的第七識見分同一種生；而第八識的見分一半與前七識（眼、耳、鼻、舌、身、意、末那）有直接關係，即有覆性[1]，一半是

1 「有覆」是覆蓋，障礙真理的意思（即是將無我、無我我所的真理覆蓋了）。第七識自己不能作善或作惡，不會造業，所以稱為「無記」（不善不惡），但這無記有「我癡」性，覆蓋真理，不能令真理顯現。「無覆」即不會覆蓋真理。

第八識內自己的見分體，即無覆性。須知第七識恒常生自己並偏計執着第八識的見分為「我」，是有覆無記性，所以這頌句說「帶質有覆通情本」。

何謂「通情本」呢?「情」是指有染的能緣之心，即是末那識自己的見分;「本」是指被執的所緣之境，即是第八識的見分。因為前六識(眼、耳、鼻、舌、身、意)是以「心緣色」，而第七識是以「心緣心」，恒常與四惑（我見、我愛、我慢、我癡）相應，生起妄情，所以說是「情」執，並非「物」執。「本」者，第七識依第八識的見分而立境，而第八識是「本」。何以故？這第八識（阿賴耶識）是如來藏性海，由無量劫以來的熏變而為無明業海，蘊藏一切善惡種子的根，故名為「本」。

「有覆」是指末那識有染污性。末那識在表面看來是非善非惡的「無記性」，但是它為四惑（我見、我愛、我慢、我癡）所覆蓋，又有八大煩惱（不信、懈怠、放逸、掉舉、散亂、昏沉、失念、不正知）和它相應，因此是「有覆無記」性。

隨緣執我量為非

「 隨」者，隨「 所緣緣」，即第七識隨順它種種所緣慮的境界（相分）「任運而轉」。這所緣緣有「親」和「疏」兩類：

1. 「親」所緣緣：自識（第七識）的相分。
2. 「疏」所緣緣：第八識的見分，即其「根身」「器界」，一切種子。

這所緣緣是「依他起性」的，即是說第七識的所緣緣，如世間所有一切諸法，都是仗因託緣而生起，絕無自我生或無因生者。世間諸法，既依緣而生，亦必是依緣而滅，所謂「緣聚則生，緣散則滅。」既是依緣生滅，則這生非實生，滅亦非實滅，世間諸法，皆是如幻假有，無有實體。依他起性是心內法，吾人必須深信，並應時起觀照。故《金剛經》云：「一切有為法，如夢幻泡影，如露亦如電，應作如是觀！」

「執我」何解？這「我」是徧計所執性的，即是說第七識時常與四惑（我見、我愛、我慢、我癡）相應，周徧計度時以私我為中心，這「執我」泛指一般凡夫執着「人我」相與「法我」相：

1. 人我：（又稱補特伽羅，梵語：pudgala），執着有一主宰之我（self），這「我」是生命，往返六趣受生死者。
2. 法我：對於假有之法生起實有之妄執，執法性為永恒之實有：
   （1）俱生法執：由無始以來即帶虛妄熏習之內因力，恒與果報之身俱有。
   （2）分別法執：這法執起於現生外緣，非俱有。

其實，萬法乃因緣所生，何來有真實之我、法呢？所謂我、法，只是在迷時才有，並非真有。如在暗夜見痲繩，誤以為蛇，蛇乃妄見，虛假幻有，不應執為真實啊！一切凡夫，由於不懂萬象的「依他起性」，當第七識應對外境時，產生種種我見、我愛、我慢、我癡的執着，亦必然生起種種徧計的執着，並且被這種種徧計之妄相所困擾與束縛，牽動自己的身、口、意去作業，因作業而受報，長期流轉於生死苦海之中。反之，吾人若能於「依他起」之萬法上，運用般若（智慧）觀照，時時覺悟，了知一切法相皆是因緣所生，生即無生，滅亦無滅，時常觀照一切法空，不被假相所迷，即能遠離「偏計所執」，而證入「圓成實」之妙理，跳出生死輪迴之苦海，登上涅槃安樂之彼岸。

頌句曰：「隨緣執我量為非」，已解釋過「隨緣執我」，何謂「量為非」？ 第七識以第八識（阿賴耶識）的見分為所緣境。第八識的見分，其性恒時相續不變（種子的剎那持續），具有似常住（appears to be permanent）、似主宰（appears to have a self）的相狀，但其實它沒有常住性，亦無主宰性。這所緣境不過是第七識執持不捨的錯覺與妄見（因第七識常有我見、我愛、我慢、我癡四惑的纏擾），所以在三量上第七識屬於非量（不正確的現量或比量）。

第七識執着第八識的見分為我，具有三點特殊意義[1]：

1. 恒轉：在時間上，第七識的我見恒時生起，一直都是那樣的任運隨緣，相續不斷。
2. 內執：第七識的我執，但執自己內我不捨，並不執於外在的什麼我。
3. 一境：第七識一心執着第八識的見分為境，「恒審思量」，始終都是如此，沒有任何改變。

1 演培法師，《八識規矩頌講記》第 231 頁，台中：菩提樹雜誌社。

第七識具有這樣三種特徵，所以就形成了它所有的「俱生我執」與「俱生法執」。

八大徧行別境慧，貪癡我見慢相隨

唯識宗認為凡夫有八個心法、五十一個心所法、十一個色法、二十四個不相應行法與六個無為法，總稱五位百法（見前文表十五），這些以前已經講過。心法（或稱心王）是主觀的精神作用，即是當你的八識（眼、耳、鼻、舌、身、意、末那、阿賴耶）攀緣外境時，那些能生起分別思慮的根本體；心所法是相應心王而生起的心理作用，例如看花時，眼識心王只是概括地攀緣花的總相，認為這花是大、是小、是紅、是白等，但意識與心所就不同，它們不僅緣取花的總相，即連其微細的別相也都思慮，所以便生起了可愛、不可愛、貪、嗔等等心理作用。

有同學問：「五十一個心所法的名詞看來頗為繁贅，甚難強記，縱使將這些名詞背熟了又有什麼實在利益？認識這些「心所」對修行有幫助嗎？」各位須知，認識心所能令我們時刻以「心所」為鏡，隨時反照內心，了知自心。每起心動念，立即如理作意，反問：「我今一念，落在何處？善？惡？無記？若是善，是何等善？若是惡，是何等惡？為什麼要提起這念頭？若是煩惱（如貪嗔、驕、憂鬱等）念頭，要覺察它的生起、持續與消滅嗎？」如是者，倘若生起種種惡念，立刻了知要停止，不讓它繼續，若生起種種善念，讓它延續下去，漸漸能令已生之善增長，未生之善令生，已生之惡令滅，未生之惡令不起。

八個心王各有其相應的心所：前五識（眼耳鼻舌身）有三十四個相應心所，第六識（意）有五十一個相應心所，第八識（阿賴耶）有五個心所（以後會詳細解釋）。那麼，第七識（末那識）有多少相應的心所呢？頌句說「八大偏行別境慧，貪癡我見慢相隨」，意思是說第七識有八個大隨煩惱、五個偏行、一個別境，加上我貪、我癡、我見、我慢，總共有十個相應心所：

八大： 即八大隨煩惱：掉舉、昏沉、不信、懈怠、放逸、失念、散亂、不正知（表四十七）。

偏行： 觸、作意、受、思、想（表四十八）。

別境慧： 五別境心所中只有「慧」與第七識相應，這是執着我見的「慧」，這自私的智慧生起以下所述的我見、我慢等煩惱。（表四十九）

貪癡我見慢相隨： 根本煩惱：我貪、我癡、我慢、我見（表五十）。

表四十七

大隨煩惱（八）

昏沉：　靜坐時心內失掉了所緣境，迷迷糊糊，像睡眠。與前六識及第七識相應，與第八識不相應。

掉舉：　就禪修而言，掉舉是回想往事，不能寂靜安住在所緣境上，妄念紛起；就平日行為而言，心躁意浮，坐立不安：1. 好玩耍歌唱；2. 好諍論；3. 好遊蕩。與前六識及第七識相應，與第八識不相應。

不信：　沒有堅定清純的信仰，不信有因果報應，業力輪迴，不信佛理為真實不虛的，不信三寶的功德事跡，及世間聖賢偉大行誼，不信一切眾生皆能成佛，不信依佛法修行能轉凡成聖。與前六識及第七識相應，與第八識不相應。

懈怠：　不精進於「四正勤」，懶於行善，與前六識及第七識相應，與第八識不相應。

放逸：　放縱逸樂，與前六識及第七識相應，與第八識不相應。

失念：　靜坐時對於所緣境不能明記。既不是昏沉或掉舉，亦不是散亂，只是所緣境不大明了的顯現；就日常行為來說，於善念，易失憶。與前六識及第七識相應，與第八識不相應。

散亂：　散亂與掉舉不同，掉舉回憶往事，在一所緣境上有各式各樣的想法，名為「一境多解」。散亂緣過去、現在、未來多境，不能安住，妄念紛起。與前六識及第七識相應，與第八識不相應。

不正知：對所觀察的事物，有種種錯誤的見解，如靜坐時：何時應修「止」？何時應修「觀」？將「失念」誤解為「無念」或得「欲界定」後誤解為「色界定」等。與前六識及第七識相應，與第八識不相應。

表四十八

偏行（五）

特徵：1. 這心所「普遍遊行」於一切識，不論哪個心識生起，這心所必定與之同時相應俱起。

2. 偏一切地：這五心所周遍遊履三界九地。
3. 偏一切時：周遍遊履過去、現在、未來三世。
4. 偏一切性：善、不善、無記

五個偏行：

1. 觸：識被作意警覺了，立刻依止根與境接觸，即是說根、境、識三和合，將會發生種種心所的功能。
2. 作意：根境和合時，警覺「識」種子，令它與境界接觸，引心趣境，這心所相應時，微細而快速。
3. 受：「觸」一出現後，就能為「受」「思」「想」作依止處。先生出「受」：苦受、樂受、不苦不樂受。與前五識相應者為「身受」，與第六識相應者為「心受」（憂喜）。這心所與「觸」有密切的關係－互依互存，次第而生。
4. 思：這是思惟，細心觀察、分析、綜合，而作出行為的意志力。分三階段：（1）審慮思：考慮這件事應該做否，怎樣做？（2）決定思：作出決定；（3）動發思：動身發語，表現於行為。
5. 想：「受」了之後，要攝取所緣境的相貌，要認識情況，安立出種種名字語言，來表達所緣境的相貌。（客觀境像，通過根門，刺激內心，達到知覺中樞時，浮起境像的形態，加以分析，綜合，構成概念，即所謂「知覺」）。

這「想」與「思」心所，各人的深度不同，因智慧、知識、學問等有別。有人把所緣境觀察思惟得很正確、細微；有人則錯謬粗略，所以有識量之不同：現量、比量、非量。這「作意」「觸」是對外、對內的作用；「受」「想」「思」是內心的作用。「受」「想」「思」包括了身口意三業。

前五識不會單獨行動的，要同第六識合作，受它的影響，才能產生「受」「想」「思」。

表四十九

別境（五）

特徵：1. 於特別的情況、差別的事物，才能生起活動。
2. 不徧一切識，例如第七識只有別境中「慧」生起，第八識完全無五別境相應。
3. 不徧一切時，有時單起，有時同起二種，或三、四、五種，有時全不起，有它所緣的境才生起活動，因所緣境界各自不同，如「欲」是緣所樂境界而生，勝解緣決定的境界而生，「念」是緣前所曾熟習的境界而生的；「定」與「慧」是於觀察境上而生的。
4. 徧一切地及徧一切性。

五個別境：

1. 欲：一切法的完成，都是「欲」所推動。心若緣所樂之境時為「欲心所」。欲者「希求」，對於合意樂事生起希求，也有對合意事不希求的，「欲」就不生。這欲有善、不善或無記性，「欲」與前六識相應，與第七八識不相應。「識」若緣所樂之境時為「欲」心所。

2. 勝解：「勝」者，強大力量。解者，理解。這強大深刻的理解不會轉變，無論善、不善、無記。這心所確定了自己的立場，認可而堅持是這樣的。「勝解」與前六識相應，與第七八識不相應。「識」若緣決定之境時為「勝解」心所。

（勝解、念、定有各別境）

3. 念：即「明記不忘」的記憶作用。「念」不緣現在、將來。與前六識相應，與第七八識不相應。「識」若緣所曾受之境時為「念」心所。
4. 定：心的「專一」，統一心、心所的，是「定」，但唯識學不承認「定」與一切心相應，亦有「散失」時候，所以列之為「別境」。唯與前六識相應，與第七八識不相應。
5. 慧：指推理，判斷與抉擇事理的精神作用，通於三性，「善慧」是正知正見；「惡慧」是邪見；「無記慧」屬無覆無記。與前六識相應，與第七識相應（執我見），與第八識不相應。

（識若緣所觀之境時為定慧二心所；定慧為同一境）

表五十

根本煩惱（四）

（一）貪：一切惡行煩惱的根本，是招感果報的最大原因。通三界：上界貪着禪定；下界貪財、色、名、食、睡五欲。與前六識及第七識相應，與第八識不相應。

（二）癡：愚昧不明事理，亦稱「無明」，與前六識與第七識相應，與第八識不相應。

（三）慢：傲慢，認為自己優於他人，有七種慢：

（1）慢：對於劣於或等於自己的人，認為自己優於或等於他，自負高傲。

（2）過慢：對與自己平等的人，認為己勝於他；對優於己者，認為自己等於他。

（3）慢過慢：對優於己者，反認為己優於他。

（4）我慢：認識不到人體是由色、受、想、行、識五蘊湊合而成的，誤認為「我」真實存在。此慢依我執而生。凡有我執，皆有我慢。

（5）增上慢：這是修行人的慢，自己修行還沒有達到或部分達到羅漢、菩薩等果報，自以為已經達到。

（6）卑慢：別人已勝過自己很多，自己卻認為差不多。

（7）邪慢：自己本來沒有功德，卻自稱為有功德。

（四）惡見：即錯誤的見解，亦名「不正見」，有五種：

（1）我見：執「五蘊」是實有的我。

（2）邊見：執常見（永恒）或斷見（死後不再轉生）。

（3）邪見：否定因果報應見解。

（4）見取見：執着己見，執着於身見、邊見等。

（5）戒禁見：亦名「戒取見」。以非因為因，非道為道，例如見某牛死後生天，即執着牛吃草為生天之因，所以誤認為修行者要以草為食。「不正見」唯與第六、七識相應。

其餘三十三個心所都不與第七識相應。為什麼不相應？須知第七識的識性是無記（非善亦非惡），所以屬不善的兩個中隨煩惱（無慚無愧）自然就不能與之相應；而且我見、我慢、我癡並非直接作惡，所以不會感覺「無慚無愧」。第七識的行相微細內斂，而十個小隨煩惱（忿、恨、惱、覆、誑、諂、憍、害、嫉、慳）行相粗顯外露，所以互不相應。為什麼不與其他四別境（欲、勝解、念、定）相應？因第七識不祈求，不希望，所以無「欲」；沒有什麼需要決定印持，所以沒有「勝解」；它只緣現境，不會憶念曾經境界，所以沒有「念」；它的心識是散亂的，所以沒有「定」。為什麼不與「四不定」相應？因第七識本身不能造作諸業，故無「悔」；它任運緣境（不故意緣境，故不倦），無緣境的疲憊，故無須「眠」；它於境不起深淺推度如第六意識，故無「尋伺」。在根本六煩惱中，為什麼只有貪，癡，慢，惡見，而沒有「嗔」與「疑」呢？為什麼無「疑」？因它有強烈而深信「不疑」的「我見」。為什麼無「嗔」？因「愛我」而不會對「我」生嗔故。為什麼無「善心所十一」？因它是染法，與善法不相應故。

恒審思量我相隨

這頌句開示末那識的「行相」。何謂「行相」呢？行相（梵語：ākāra，英譯：expressions through manner，condition and appearance），即相貌、外形、表情、姿勢等，可以用來指事物的外顯形態，這裏指各心識對外界取境而產生的影像。「恒審思量我相隨」指末那識應對外界取境生像時，產生各種關係的情況。其實，「行相」所包涵的義理甚廣，簡略來說，行相即是它的行為相狀，及其所顯示出來的作用（perceptible function）。

「恒審思量」是末那識的行相。「恒」即恒常，無間斷（continuously functioning）的意思；「審思量」即審察、思慮、衡量（mental inquiry）。第七識恒常地審察、思慮、衡量第八識的見分，牢牢地執之為「我」，所以時常產生我貪、我癡、我慢、我見的根本煩惱。何謂「我相隨」呢？第七識念念不忘地隨逐「我相」，形成了一個自私自利的「自我中心」一切貪婪、愚昧、驕傲、固執等惡行，就隨之而產生了。

其實八個識都各有思量功能，但這功能的勢力與持續各自不同，末那識最強最久。現將八個識的思量作用列出，以供對比及參考：

（一） 前五識（眼耳鼻舌身識）非恒非審（既不恒常，亦不審察，只是直覺當下的思量。）

（二） 第六識（意識）審而非恒（有審察思量作用，但不持續。當其處於五種無心[1]狀態時，審察思量就停止了。）

1 無分別識心生起，稱為無心位，亦即諸轉識不現起（不起作用）之時。此係法相宗針對第六意識暫時間斷之時所立之五種無心位。此五種無心位即：無想天（梵 āsaṃjñika）、無想定（梵 asaṃjñi-samāpatti）、滅盡定（梵 nirodha-samāpatti）、極重睡眠（梵 acittaka）、極重悶絕（梵 mūrcchā）。參見 CBETA- 漢文大藏經：https://deerpark.app/dict/%E4%BA%94%E4%BD%8D%E7%84%A1%E5%BF%83，檢索日期 2024.12.10。

（三）　第七識（末那識）恒審思量（恒常無間斷地審察思量，執着第八識的見分為我，與前六識及貪、嗔、癡、慢、惡見等心所相應作業）。

（四）　第八識（阿賴耶識）恒而非審（從無始以來，恒時相續，永無間斷，但不審察。換言之，它只是不斷地接受一切新熏種子進來儲藏着，不會加以選擇、審察、過濾。）

第七識恒審思量些什麼呢？它不斷地執取「人我相」和「法我相」，簡稱「我執法執」，總稱「二執」。八識之中，前五識、第八識都沒有我法二執；第六識、第七識有我法二執，所以法護論師曰：「五八無法亦無人，六七二識甚均平。」何以故？前五識沒有計度分別，所以不會執着我相法相；第八識的體性是無覆無記（非善非惡），所以不與諸惑相應，當然是無所執着了。第六識以分別計度為己任，與善惡心所相應，並依止第七識為根基，自然產生我法二執。

在這裏讓我們再溫習什麼是我法二執：

（一）　**我執**：是指人們對「虛幻不實、五蘊和合的身心」，固執地認為存在一個「能自存自主的實我」；由於本來無我，卻妄生執着，處處以我為中心，遂產生了種種貪、嗔、癡等煩惱。換言之：「我執」就是以為有一個真實的「我」，恒常不變自在的「我」，由此引起執着自我的「煩惱障」，所以《唯識述記》云：「煩惱障品類眾多，我執為根，生諸煩惱，若不執我，無煩惱故。」眾生就是因為有我執煩惱，才迷昧着真理，於三界中作業受報，輪迴生死，而無法證悟涅槃果。

（二） **法執：**固執一切諸法，以為實有，不知一切事物都是隨着客觀條件的變化而生滅的。所謂「諸法因緣生，諸法因緣滅。」由於執着於「我」，便形成煩惱障，招感六道輪迴的「分段生死」。由於執着於「法」，便形成所知障，招感三界的「變易生死」。換言之：「法執」是把外在的一切事物當真了，遂產生了分別心、愛憎心，順應自己心意時就產生貪心，與自己心意不相應時就產生嗔恨。《唯識論》云：「由我法執，二障俱生。」法執所產生的是「所知障」，我人就是因為有此障礙，才迷執邪見，不能證得菩提果。這因果關係簡列如下：

表五十一

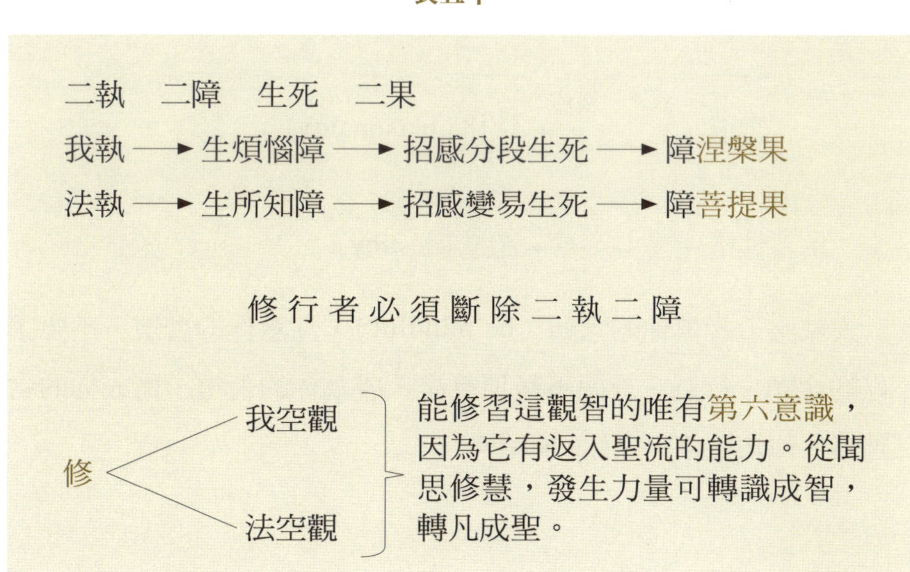

從「緣起觀」分析，我法二執可以分為「分別我法執」和「俱生我法執」兩種。「分別我法執」是後天熏習（present-life acuquired）而成的，比如個人的思想性格，自小受家庭背景、學校教育、社會風氣等影響，形成我法執。「俱生我法執」是先天俱生的（innate and past-lives accumulated）從前世帶來的業習，直接熏習現世的思想，形成我法執。

無論是「分別我法執」，還是「俱生我法執」，都是由最初一念生起的。試以通俗文字，將心念與命運的因果關係簡列如下：

念頭（意 thought） —生起→ 行為（身 behaviour）、言語（口 speech）

行為（身）、言語（口） —不斷重複→ 習慣（habits）

習慣 —構成→ 性格（personality）

性格 —決定→ 命運（destiny）

大家必須謹慎你的念頭（be mindful），注意你的習慣，不要讓不好的念頭、行為、言語不斷地重複，成為你的習慣，構成你的劣品性格。須知性格決定你的命運啊！

有情日夜鎮昏迷，四惑八大相應起

這頌句解釋第七識所發生的業用（從業力所引起的作用）。「有情」指一切有情愛、心識的生命；「日夜」，即日以繼夜，夜以繼日，表示生死流轉不已；「鎮」是經常的意思；「昏」指不醒；「迷」指不覺，恒常沉淪於生死苦海之中。何以故？因第七識執着第八識的見分為我，遂生起我貪、我慢、我見、我癡（四惑）的情執，蓋覆理智，不能自拔。

「四惑八大相應起」，這「四惑」恒常與八大隨煩惱（不信、懈怠、放逸、掉舉、散亂、昏沉、失念、不正知）相應互動，執着一個自私自利的我相。正如《金剛經》云：「如來說有我者，則非有我，而凡夫之人，以為有我。」這我相就是「人我執」「法我執」。這二執的生起有互相密切的關係，並非各自獨存的，其實它們同時存在，並無先後差別。若要於禪修時分別這二執，以便觀空，可以說法執指思想上的我見；而我貪、我慢、我癡是依見解而起的我執。我執必定依法執而起，而法執不需要依我執。換言之：有法執時不必定有我執，但是有我執時必具有法執。

由此可知，有情眾生不斷地生死輪迴，完全是因為第七識執我，遂造作一切業行，所以修行的關鍵是要打破第七識的我執（即人我執、法我執）。佛門常舉辦「佛七」「禪七」的修行活動，有些行者以「打七」二字解作「打破第七識的執着」，這解釋也未嘗不可啊！

唯物主義者，強調人生的快樂建立在物質與欲望的追求上。他們認為只要衣食住行的物質豐富了，以後就能解決人生的痛苦。其實真正的快樂，內心需要斷除四惑才能達到。「我貪」是私心，執着自己擁有的，沉迷於名利之中沾沾自喜，而這種「我貪」會使我們在意識內產生一種錯誤的「身份認同」：認為只要擁有名利，事業豐盛，衣食住行有豪華的享受，在上流社會活躍，就自以為是身份的象徵。這錯誤的「我見」只會增益自我中心的執着。令我們的四惑（我貪，我愛，我慢，我癡）不斷地造業，因作業而受報，痛苦無窮，流轉於生死苦海！修行者必須通過佛陀所顯示的「戒定慧」三無漏學，去打破末那識的我執。怎樣才可以打破第七識的執着？以下頌句可找到答案。

六轉呼為染淨依

前六識所造的業，其性質總說有三類：善、惡、無記。若前六識作惡，其本身染污故不用說，加上第七識的我執未破，又有四惑、八大隨煩惱等緊緊糾纏着它，自然更隨前六識染污而變得更加染污，即使有時行善，亦是有漏的善業，不是徹底清淨的無漏業[1]。頌句「六轉呼為染淨依」，即是說這一切染淨業行，都是由於前六轉

1 「漏」是煩惱的別名，「有漏」就是有煩惱。漏含有「漏泄」和「漏落」二義：貪嗔等煩惱，日夜由六根門頭漏泄流注而不止，叫做「漏」；又煩惱使人漏落於三惡道，也叫做「漏」，所以有煩惱之法都叫做「有漏法」，而世間之一切有為法，都是有煩惱的有漏法。「無漏」是清淨沒有煩惱的意思。參見陳義孝編，竺摩法師鑒定，1994，《佛學常見詞彙》，銀川：寧夏人民出版社。

識，依於第七識末那染淨而染淨，所以前六轉識稱呼第七識為「染淨依」。

「六轉」是什麼意思？先要明白什麼是「轉識」。第八識（阿賴耶識）稱為「本識」，因為前七識都以阿賴耶為本。何以知道阿賴耶是本？因為諸識彼此之間有相生相依的密切關係：前五識依第六識得以生起現量、直覺的分別；第六識依第七識得以生起審察、計度、思量的心識活動，第七識依第八識為根本，得以生起我執。

唯識學說第七識有二類：染污末那與清淨末那。末那在染污位時，前六轉識依之亦成染污；末那在清淨位時，前六轉識依之亦成清淨。換言之：第七識不但是前六轉識的染依，亦為前六轉識的淨依，所以名為「染淨依」。

「六轉」，即是說從第七識的角度去看，前六識是轉識。若要打破第七識的我執，必須要從第六識着手修行，因為第七識只是呆呆的執我，沒有猛利的隨念分別性與觀照力，不能改變其牢固的我執，而且它與善心所不相應，不能單獨改惡向善，必須靠前六識去轉污染為清淨。

第六識、前五識與善心所相應，而且第六識的勢力最強，能發動「審慮思」「決定思」「動發思」去造作種種業行。修行者可藉着第六識的觀照力，啟發三慧[1]，通過三學[2]，去淨化第七識，即是轉第七識的我執染污心識，為無我之「平等性智」，漸而消除我法二執，邁向成佛之道。

前六識之中，五識（眼、耳、鼻、舌、身）較容易理解，因為它們是現量的[3]。第七識只是呆呆的執我，沒有猛利的隨念分別性與觀照力，不能改變其牢固的我執，而且它與善心所不相應，不能單獨改惡向善，必須靠前六識去轉污染為清淨。

五識不但感受外境，同時還有造業的作用，因為它們與善、惡、無記等心所相應，不過真正的動身發語，其權力乃操縱在第六意識手中。換言之，大多數身口意三業，都是由前五識感受外境，觸動第六意識的決定思，然後動身發語，去造作或善或惡等種種業行，所以說「六轉呼為染淨依」。

在這裏我想講多些關於前五識的事。眼、耳、鼻、舌、身各識，需要種種緣分才可以發揮其作用。根據唯識學的理論，眼識生起（使眼睛見到事物）須具九緣；耳識生起，須具八種緣；鼻識、舌識和身識生起，需要七緣。如果你的眼、耳、鼻、舌、身都健

1　三慧，即聞慧、思慧、修慧。聞慧是聽聞佛法能生智慧；思慧是思惟佛理能生智慧；修慧是勤修佛法乃至禪定能生智慧。

2　三學，即戒學、定學、慧學。「戒」即是禁戒，律藏之所詮，能防止人們造作一切身口意的惡業；「定」即禪定，經藏之所詮，能使人們靜慮澄心；「慧」即智慧，論藏之所詮，能使人們發現真理而斷愚癡。修此三學，可以由戒得定，由定發慧，最終獲得無漏道果，所以，三學又名為「三無漏學」。

3　現量：唯識學名詞，意思是說，當所緣的境界現前時，毋須加以推測比較，即能直接了當並準確地覺察到境界的自相作用，即是現前量度，未起妄想分別，不帶名言，無籌度心，如眼識量「色」，耳識量「聲」，鼻識量「香」，舌識量「味」等的「直覺知識」。

全，是多麼慶幸啊！你有沒有應用它們去研習佛法、普度眾生、斷除煩惱？抑或你時常運用它們去作惡呢？

在此，我舉個例來作說明，美國有位著名的作家海倫・凱勒（Helen Keller），她是盲聾啞的殘障者。看不見、聽不到、講不出的人生實在太苦、太淒慘了。我讀海倫的書，從中得到很大的啟發。海倫在所寫的書中有些含義深奧，極具啟發之言詞，會令讀者深深珍惜自己擁有的前六識。她在《假如給我三天光明》[1]中說：「我希望上天給我三天光明，讓我可以看見東西。」

我將書中部分節錄出來，與各位共勉：

> 我常想，如果每一個人在剛成年時都能突然聾盲幾天，那對他可能會是一種幸福。黑暗會使他更加珍惜得視力之可貴；寂靜會教育他更懂得聲音的優美。
>
> 我曾多次考察過我眼睛健全的朋友，想體會他們能看到些什麼。最近，我有一位很要好的朋友來看我，她剛從森林裏散步回來。我問她發現了什麼。她漫不經心地回答：「沒有什麼特別的」。我對這類的回答已經習慣了，因為很久以來，我就深信有眼睛的人，所能看到的東西實在很少，否則，我是難以相信她這樣回答我。
>
> 我反問我自己：在樹林裏走了一個小時，卻沒看到什麼值得注意的東西，這是可能的麼？我是個瞎子，但是我光憑觸

1　海倫・凱勒，2015，《假如給我三天光明》，王肖竹譯，長春：吉林出版集團有限責任公司。

覺就能發現數以百計的有趣的東西。我能摸出樹葉的精巧的對稱圖形，我的手帶着深情撫摸銀樺的光潤的細皮，或者松樹的粗糙的凸凹不平的硬皮。在春天，我懷着希望撫摸樹木的枝條，想找到一個芽蕾，那是大自然在冬眠之後甦醒的第一個預兆。……如果我幸運的話，在我把手輕輕地放在小樹上時，還能偶然感到小鳥在枝頭謳歌時，所引起的歡樂的顫動。小溪的清水從我撒開的指間流過，使我欣慰。松針或綿軟的草葉，鋪成地毯，比最豪華的波斯地毯還要可愛。春夏秋冬一一在我身邊展開，這對我是一齣無窮無盡的驚人的戲劇。這戲的動作是在我的指頭上流過的。

我的心有時大喊大叫，想看到這一切。既然我單憑觸覺就能獲得這麼多的快樂，視覺所能展示於人的，又會有多少！但是很顯然，有眼睛的人看見的東西卻很少。他們對充滿這大千世界的色彩、形象、動態所構成的廣闊的畫面習以為常地忽視。也許對得到的東西漠然置之，卻在追求自己所沒有的東西，是人之常情吧！但是，在有光明的世界裏，視覺的天賦只是被當成一種方便，而不是當作讓生命更加充實的感官功能，這畢竟是令人非常遺憾的事……

只有聾人才理解聽力的重要；只有失明者才明白視覺珍貴……因為他們在能見、能聽之時並無珍惜、並無充分利用這些寶貴的功能。眼睛面對幽美怡人之景、耳朵聽到悠揚悅耳之聲，卻心不在焉，亦無感恩。這正好說明，我們往往失去之後，才懂得珍惜；只有在生病後，才意識到健康的可貴！

正常的人天天能見、能聽、能講……認為享有健全的六根是理所當然的天賦。然而，有否珍惜與感恩呢？依照唯識學的理論，所謂「九緣七八好相鄰」，眼識生起須具九緣；耳識生起，須具八緣；鼻舌身三識生起，需要七緣。全部眼耳鼻舌身意，都需要各種緣份，方可令其產生作用。我們平時習慣用眼睛看什麼呢？用來閱讀佛經，研習佛法；抑或翻看邪淫書刊？舌頭用來勸勉行善；抑或搬弄是非？各位，我們要珍惜，感恩六根的健全，善用它們去修心，切勿利用它們去作惡業。倘身體健康，應以只爭朝夕的精神，快快修學佛法，不要等到垂暮之年啊！

極喜初心平等性

根據天台宗所說，大乘菩薩修行的次第，從初皈依三寶，發四弘誓願，修六度波羅蜜等開始，要經過五十一個階位，才能修證到妙覺（佛）的境界（表五十二）。登地大菩薩有十個階位，即「十地」。這裏說「極喜初心平等性」，所謂「極喜初心」，即歡喜地（亦名初地、極喜地）的初心位，是菩薩修行踏上聖道的第一階位。這時其內心的喜悅無量，所以稱為「極喜初心」。為什麼喜悅無量呢？因為這菩薩已開始轉第七識為「平等性智」。「平等性智」有上、中、下三品。這時是初轉，故屬下品。

表五十二

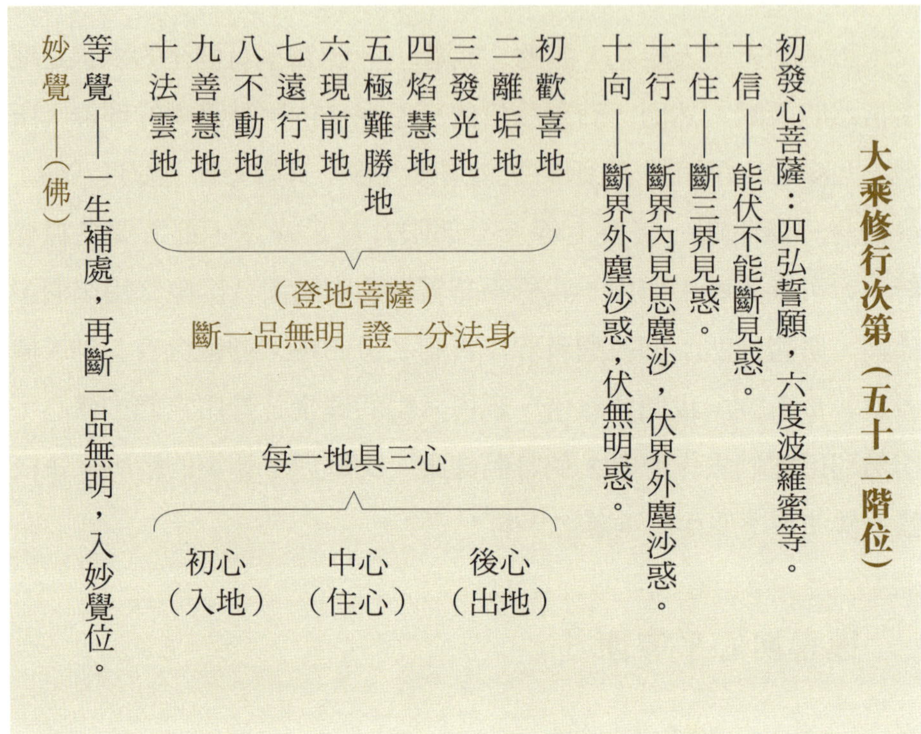

大乘修行次第（五十二階位）

初發心菩薩：四弘誓願，六度波羅蜜等。

十信——能伏不能斷見惑。

十住——斷三界見惑。

十行——斷界內見思塵沙，伏界外塵沙惑。

十向——斷界外塵沙惑，伏無明惑。

初歡喜地
二離垢地
三發光地
四焰慧地
五極難勝地
六現前地
七遠行地
八不動地
九善慧地
十法雲地

（登地菩薩）
斷一品無明　證一分法身

每一地具三心

初心（入地）　中心（住心）　後心（出地）

等覺——一生補處，再斷一品無明，入妙覺位。

妙覺——（佛）

何謂「平等性智」呢？此智是如來四智之一（見前文表四十三），體悟自、他平等之智，即轉第七末那識所得之智慧，並依此智慧而生起大慈悲心，觀自、他一切皆平等，使「大慈大悲」恒常相互契合，而無間斷地利樂一切眾生。

前面講第六識時，有一頌句說「發起初心歡喜地」，即是說修行者證入「歡喜地的初心位」時，第六識就能轉成「妙觀察智」。現在這裏說「極喜初心平等性」，是說當第七識證入「歡喜地的初心位」

時，第七識就能轉成「平等性智」。由此可知：第六、第七識是在同一時候「轉識成智」的。何以故？第七識只是呆滯地執着自我，它本身修行的力量很薄弱，沒有第六識的力量那麼猛利。在修行的過程中，行者運用的心識，是強而有力的第六識，修習「聞思修」三慧的功行，來淨化第七識。

修行者到了「極喜地初心位」時，第六識的「我空法空觀」將所有的「分別我執」和「分別法執」都滅盡了，證得無漏體性的「妙觀察智」，進而再影響第七識生起淨化的修行，使其「俱生我法二執」不再發生現行活動，這樣第七識就漸漸轉為「平等性智」。不過，所轉的還是下品初轉的「平等性智」，因為，這時只是壓伏而已，尚未滅盡俱生我法二執。

第七識從有漏[1]轉依（見前文表四十三）到無漏位，亦即所謂「轉末那識成平等性智」，使平等性智相應位現前，要經過三個階段：

1. 人我見相應位：不論是諸凡夫，二乘有學，或七地以前諸菩薩，在修行的過程中，當他們的第七識緣於第八識見分，抱持有個我執的觀念時，其心必然是有漏的，是為「人我見相應位」。這相應位還是有漏的，是染污的，因為「我執」尚在。
2. 法我見相應位：不論是諸凡夫、二乘無學，或七地以後諸菩薩，當他們已成就「我空智」，但「法空智」尚未現前，第七識

1 「漏」是煩惱的別名，有漏就是有煩惱。漏含有漏泄和漏落二義：貪嗔等煩惱，日夜由六根門頭漏泄流注而不止，叫做漏；又煩惱能使人漏落於三惡道，也叫做漏，所以有煩惱之法就叫做有漏法，而世間的一切有為法，都是有煩惱的有漏法。出處：陳義孝編，竺摩法師鑒定，1994，《佛學常見詞彙》，銀川：寧夏人民出版社。

緣於第八識時，法我執的觀念未捨離，是為「法我見相應位」。這相應位還是有漏的，但已經無染污了（已捨我執），但法執尚在。

3. 平等性智相應位：當登地菩薩到了初地，乃至十地，法空智果現前時，第七識緣於真俗諸法，生起平等性智，是為「平等性智相應位」。這相應位是無漏清淨的，因為煩惱障（我執）與所知障（法執）已經滅了。

無功用行我恒摧

菩薩修到「極喜地初心位」時，第七識就漸漸轉為「平等性智」。不過，所轉的還是下品初轉的「平等性智」，因為，這時只是壓伏「俱生我法二執」而已，尚未滅盡。在第七識轉其有漏識成為無漏智的過程中，這是第一番下品轉。

由於「俱生我法二執」非常深重、頑強，菩薩從初地到七地這個修道過程中，雖然智力也在不斷地強化，但還沒有足夠的力量去滅盡無始以來已積習的「俱生我執」。這段修行還是屬於「有功用行」，不是任運自然而轉的，必須假藉身口意，努力再修到第八地（不動地），才是「無功用行」的境界。

何謂「無功用行」呢？先要明白什麼是「有功用行」。禪修需要選擇「所緣境」作為令心專注之對象（例如安般守意、參話頭等），其目的在於改變凡夫習慣的妄想，增加定力，減緩意識的攀緣，從而純淨心境，使契入空觀。這時行者需要假藉「有相」的所緣境，藉着身口意的「功用」去修習無相觀，也就是不能任運修習無相觀，屬於有相的「有功用行」。若行者在第八地再繼續努力修我空觀，「有功用行」漸轉為任運自然，不着意於所緣境和身口意的觀行，則稱為「無功用行」。

「無功用行我恒摧」，即是說菩薩證到了第八地，他所修的我空觀，任運自然地發生作用，有足夠力量徹底地摧毀「俱生我執」。到了這時，「俱生我執」永遠不會再生起，即是「煩惱障」永滅，第七識轉為中品平等性智，是為第二番中品轉。

在此以後，菩薩仍藉着第六識的綿密觀察，再修行去伏滅俱生法執，進而斷除「所知障」，直到等覺位（佛果）時，煩惱障、所知障的種子永斷，成就佛果，這是第三番上品轉。

第七識是眾生迷惑的根本識，從無始以來，恒與第八阿賴耶識俱生相續，執着阿賴耶的「見分」為實我。我們就是因為有了此識，才流轉六道輪迴的生死苦海中。如果能努力修行，從戒定慧三無漏學中，通過徹底的「我法二空觀」，將染污的第七識轉成無漏清淨的平等性智，就能以大慈悲心廣度眾生，亦同時建立「無住涅槃」，所以這平等性智有兩重意義：

1. 觀一切眾生平等：這是由於滅盡「俱生我執」，平等性智與大慈大悲恒共相應，《成唯識論》卷十云：「謂此心觀一切法自他有情悉皆平等，大慈悲等恒共相應，隨諸有情所樂示現受用身土影像差別」。這時，菩薩的大慈悲心，能廣度一切眾生離苦得樂。

2. 觀一切法平等：這是由於滅盡「俱生法執」，第七識圓滿地轉成上品平等性智，大慈大悲與平等性智恒共相應相續，此時證「無住涅槃」。無住涅槃者，亦即自性清淨法身。《成唯識論》曰：「一自性身者，謂諸如來真淨法界，受用變化平等所依，離相寂然，絕諸戲論，具無邊際真常功德，是一切法平等實性，即此自性，亦名法身」。

如來現起他受用，十地菩薩所被機

要了解「如來現起他受用」，必須知道何謂佛身？佛有三身：

1. **應身（變化身）：**如來昔在因地修行中，為一切眾生修種種法至修行圓滿，因修行力故，得大自在而能廣度眾生，並順隨應眾生之根機，現種種身而為說法，稱為「應身」。如釋迦牟尼佛在印度「八相成道」[1]的肉身，就是應化身。
2. **報身（受用身）：**此身是諸佛修福慧功德圓滿時，所顯現的自受用內證法樂之身，亦即完成佛果之身。報身又分兩種：

1 《大乘起信論》說八相成道者：「一、降兜率，先住於兜率天，在彼天四千歲。見時機熟，遂乘白象由彼天降下之相也。二、入胎，乘白象由摩耶夫人左脅入胎之相也。三住胎，在母胎行住坐臥一日六時為諸天說法之相也。四出胎，四月八日於藍毗尼園由摩耶右脅出生之相也。五出家，十九歲（或二十五歲）觀世之無常，出王宮入山學道之相也。六成道，經六年苦行，在菩提樹下成佛得道之相也。七轉法輪，成道以後五十年間說法普度人天之相也。八入滅，八十歲在娑羅雙樹下入於涅槃之相也。」又曰：「隨其願力能現八種，利益眾生。所謂從兜率天退、入胎、住胎、出胎、出家、成道、轉法輪、入於涅槃。」出處：《丁福保佛學大辭典》。

自受用身：這身有無量福慧法樂，真實功德，也能發出無量作用，唯佛與佛才能見到。

他受用身：這身為登地菩薩說法而顯現，因為這些菩薩不能見到佛的自受用身，所以佛必須現出他受用身出來，為登地菩薩說法。佛所現的他受用身各地不同。

3. **法身（自性身）：**是如來親自所內證的真如理體，亦即是如來絕對、永恒、周遍法界的覺悟。此覺悟超越文字思惟，不生不滅，無二無別，常住湛然，亦名為「如來藏」。《攝大乘論．彼果智分》說：「此中自性身者，謂諸如來法身，一切法自在轉所依止故。」這是如來自性清淨本體，本體雖無色心差別相用所能易見，但為應身、報身之所依止。

前五識轉為「成所作智」後，所現的是「應身」，故曰：「三類分身息苦輪」，教化一切凡夫眾生至地前菩薩，顯「劣應身佛」（丈六）於三界內，顯「勝應身佛」（千丈）於三界外。

第六識轉成「妙觀察智」後，所現的是隨類應機身，有時是「應身」，亦有時是報身的「他受用身」。

第七識轉成「平等性智」後，所現起的是報身的「他受用身」，教化登地菩薩。

當第七識修到「無功用行我恒摧」時，即是菩薩證到了第八地。在此以後，菩薩仍藉着第六識的綿密觀察，再修行去伏滅俱生法執，進而斷除「所知障」，直到等覺位（佛果）時，煩惱障、所知障的種子永斷，成就佛果，這是第七識的第三番上品轉。這時第七識已轉成上品平等性智，能現起「他受用身」，教化登地菩薩，所以說「如來現起他受用」。《成唯識論》說：「……他受用：謂諸如來，由平等智，示現微妙淨功德身，居純淨土，為住十地諸菩薩眾，現大神通，轉正法輪，決眾疑網，令彼受用大乘法樂。」

「十地菩薩所被機」[1]，即是說諸佛會現起他受用身，教化十地菩薩聖者，所以只有登地菩薩才能得見佛的他受用身。」

1　菩薩十地：指大乘佛教修菩薩道行者所要經歷的最後十個修行階段，出自《華嚴經．十地品》及《大方廣菩薩十地經》。已發菩提心的菩薩行者，要歷經十信、十住、十行、十回向等四十階位修行福德與智慧資糧，然後進入十地修學。

1. 歡喜地：亦名「極喜地」，「初地」這是見道位，於此菩薩已分證了無上菩提，獲得前所未有的清淨心，這時斷了分別我、法二執，但俱生我法二執尚潛伏在阿賴耶識中。

2. 離垢地：「戒德滿清淨，名為離垢地」，這即是說持戒的功德圓滿清淨了。

3. 發光地：三地菩薩因為勤修四禪八定，忍辱波羅蜜圓滿，慧力增勝，心光像火一般煥然發起。

4. 焰慧地：四地菩薩精進波羅蜜圓滿，由於勤修三十七道品的緣故，火焰似的慧光，便熾然而起，所以叫做「焰慧地」。

5. 極難勝地：五地菩薩修習禪波羅蜜圓滿，現證了空有不二之理，於生死既不起厭離心，於涅槃亦不生欣樂想，這種不厭生死，不欣涅槃的修為，已超過了小乘聖者的心境，非小乘聖者所能及。

6. 現前地：六地菩薩般若波羅蜜圓滿，於般若慧和大悲心願的資助下，能入滅盡定，而且於定中能證性，一切佛法皆現在前，了了明見。

7. 遠行地：七地菩薩二大阿僧祇劫已滿，方便波羅蜜殊勝．在七地以前的菩薩，是有相行，是有相無相的間雜行，或是無相有功用行，但到了七地以上即純是無相無功用行了，因為七地已到了無功用的邊緣。

8. 不動地：八地菩薩願波羅蜜圓滿，斷盡了三界所有煩惱，智慧福德任運增進，再不為煩惱所動。

9. 善慧地：九地菩薩力波羅蜜圓滿，已得法、義、詞、辯四無礙智，於一切說法人中，為第一大法師，護佛法藏；並能夠一音說一切法，一時說一切應機法門，自然而然不加功用。

10. 法雲地：十地菩薩智波羅蜜圓滿，除佛以外，無能及者．因此，十地菩薩為眾生說法時，好像滂沱的大雨，大地上的大樹小草，無不得到滋潤茁長一樣．但雨從雲生。

表五十三

前六識與第七識義理撮要對照表

名相	第六識（意識）	第七識（末那識）
1. 境	通於性境、帶質境、獨影境三境。	真帶質境
2. 量	通於現量、比量、非量三量。	非量
3. 三性	通於善、惡 、無記三性。	無記（有覆）
4. 界地	通於欲界、色界、無色界三界。	通於三界：欲界、色界、無色界。
5. 相應心所	五十一個心所全部與之相應。（偏行五、別境五、善十一、煩惱六、隨煩惱二十、不定四）	十八個心所：八大隨煩惱、偏行五、五別境的慧、根本煩惱四。
6. 依緣	執境、作意、染淨依、根本依、種子依共五緣。	執根緣（阿賴耶識）、境緣、作意緣、種子依緣，共四緣。
7. 顯體	隨念分別、計度分別、自性分別。	執着自我，恒審思量（我見、我愛、我慢、我癡）。
8. 業用	經過審慮思、決定思、動發思，發動身口，造引滿業，招輪迴三界果報。	主宰意識的思惟，恒常不斷地普遍計度前六識，於依他起性上不知其妄而起偏計所執，因此輪迴生死。
9. 斷惑	（1）資糧位中，漸伏「分別起」我、法二執種子之現行； （2）見道位中，「分別起」之我、法二執種子斷滅，在初地中轉為「下品妙觀察智」； （3）修道位中，伏斷「俱生起」我、法二執種子之現行； （4）遠行地後，「俱生起」之我執種子斷滅，成純無漏，轉為「中品妙觀察智」； （5）等覺位，「俱生起」之法執種子斷滅，轉為「上品妙觀察智」。	（1）到「極喜初心」位時，壓伏「俱生我法二執」，這時第七識轉為下品平等性智； （2）經過第七地（遠行地）、第八地（不動地）、第九地（善慧地）「俱生我執」永斷，這時第七識轉為中品平等性智； （3）第十地（法雲地）「俱生我法二執」永斷，第七識轉為上品平等性智。
10. 果用	妙觀察智能觀察萬有諸法的差別相，而善能運用無礙辨才與方法，廣度一切眾生。	現「他受用身」（莊嚴報身）教化十地菩薩。

四、第八識：阿賴耶識

性惟無覆五徧行，界地隨他業力生

現在開始講第八識。第八識是「阿賴耶識」（梵語 alaya-vijñāna，英譯：store-consciousness），意譯為「藏識」，有能藏、所藏、執藏三義。宇宙萬有皆由第八識所變現；它儲藏宇宙一切色心諸法的種子。因此要明白第八識，必須先從種子講起。種子是什麼呢？是一種潛在的功能力用。《成唯識論》卷二云：「此中何法名為種子？謂本識中親自生果功能差別。」「種子」這名稱只是比喻，並非真如植物種子，以現代名稱來說，這種子好像能量（energy）一樣。

佛教說「三世輪迴，業力不滅」，眾生從無量劫以來所作的業力儲存在哪裏？人生不是突然而來的存在，它是源自過去世、現在世的集體共業和個別的業力所造成。這個能連繫過去、現在、未來的法體是業力的潛着功能，唯識學稱之為種子。

這種子儲存在第八阿賴耶識中，無形無相，卻能發生功能力用，產生各種不同的現行果法。當種子現行時（when energy manifests into thought, speech and / or action），識體會生起「相」「見」

二分，相分由見分顯示，就這樣攝盡宇宙萬法，無一法不在識心之中，所以佛門常說「三界唯心，萬法唯識」。

第八阿賴耶識含藏宇宙色心諸法的種子，這種子能變現有漏、無漏、善、惡、無記一切諸法，但種子不是「色」（materiality），亦不是「心」（mentality），只是一種「功能」（energy），為什麼不是「色」？因為它不是物質。為什麼不是「心」？因為它是潛伏的「功能」，待緣始能發揮作用成為「心識」。種子功能的力用遍及宇宙，故種子亦遍及宇宙。一念起用，宇宙萬象森羅則現前，故種子無盡，宇宙亦無盡。

根據《成唯識論》卷二說，種子要具有六種特徵，才能成為種子：

1. **剎那滅：**《寶雨經》云：「此妄心如流水，生滅不暫滯；如電剎那不停。」當種子發生功用時，它的現行（manifestation）即生隨滅，猶如心識的念念生滅，剎那無常。
2. **果俱有：**能生的種子（因）和所生的現行（果），必須同時相依、俱有。換言之：「即因生現果」，種子在剎那生滅中，同時成果。舊的種子同時受熏成新的種子。
3. **恒隨轉：**種子在阿賴耶中同類雙生，恒時相續，前種子受熏後，同時成為新種子，所以《唯識三十論》云：「恒轉如瀑流」，不會停止。
4. **待眾緣：**種子需要眾緣和合，始能生起現行（果）。
5. **引自果：**「色」「心」各自引自果，即色法由色法的種子生；心法由心法的種子生，不會混亂、差錯。

6. **性決定：**因果性必須相同，不得相違，即是說：善因生善果，惡因生惡果（絕不會惡因生善果，善因生惡果）。有此決定性，不會混亂，所以善種子生善現行，感受樂果；惡種子生惡現行，感受惡果。

這種子來自哪裏？《成唯識論》認為它一部分是先天本有的，所謂「法爾如是」；另一部分是新熏而成的，所謂「習所成種」。從無始以來，阿賴耶的自體即具有生起萬法的功能（即本有種子）。本有種子生起現行，即是由因生果，這名為「種子生現行」。當現行產生時，又會與第六意識和第七末那識互為熏習，成為新種子，儲藏於第八識中，這名為「現行熏種子」。過去的種子可以成為現在的行為，而現行中又可以熏習新的種子，這種子在未來又會遇緣而成為「現行」，現行造作之中又有新的因而成為未來之果，如此永遠相續不斷、生滅不已。所以唯識古德常云：「種子生現行；現行熏種子。三法展轉，因果同時。」

第八阿賴耶識的種子有四種類別：1. 以「生起」分類；2. 以「聖凡」（無漏有漏）分類；3. 以「性質」分類；4. 以「熏習」分類。請參閱（表五十四）。

以前講過第八識的音譯是阿賴耶，意譯為藏識，有能藏、所藏、執藏三義：

1. **能藏：**此識儲藏一切眾生從無始以來所作一切善、惡、無記的種子。此識是最重要的一個識。它是前七識的根本。前七識由第八識的種子生起，成為宇宙萬法的本源。

2. **所藏：**此識是雜染法（有漏、無漏、善、惡、無記）所依處，亦即是根、身、器世間所依藏處，故名「所藏」。

3. **執藏：**此識為有情執為自我故，第七末那念念執我而藏於此，故名「執藏」。

表五十四

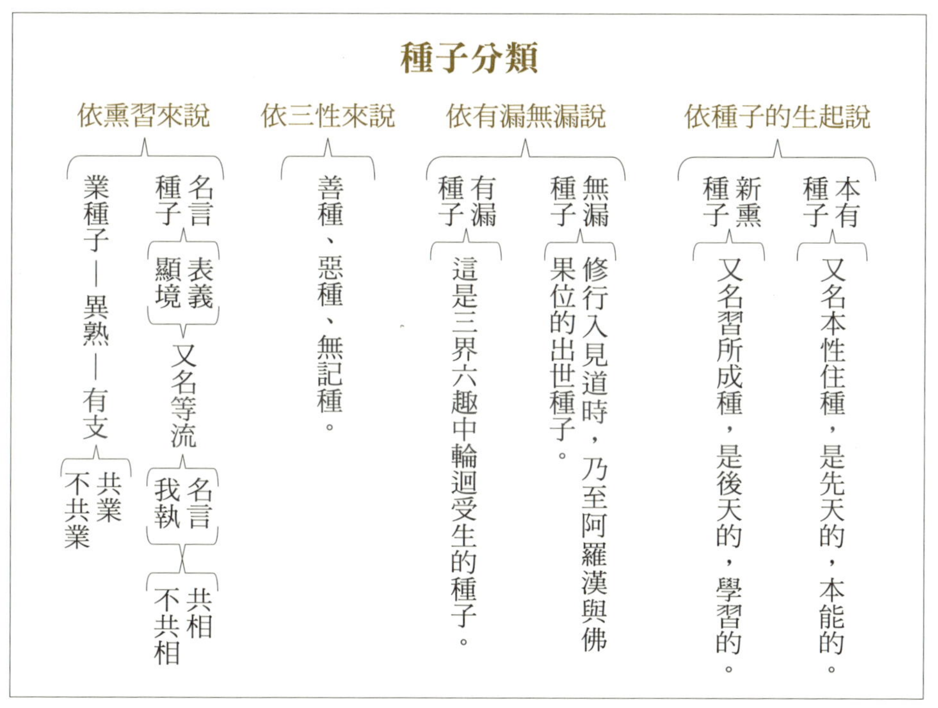

現在開始解釋頌文，先標出文中解釋第八識的頌句：

性惟無覆五徧行，界地隨他業力生，

二乘不了因迷執，由此能興論主諍。

浩浩三藏不可窮，淵深七浪境為風，
受熏持種根身器，去後來先作主公。
不動地前纔捨藏，金剛道後異熟空，
大圓無垢同時發，普照十方塵剎中。

現在消文解義「性惟無覆五徧行」。何謂「性惟無覆」呢？第八識非善、非惡，亦非有覆無記，故其性是無覆無記[1]。須知第八識含藏萬法種子，如果第八識純屬性善，則不會容納惡種子；如果純屬性惡，則不能容納善種子，所以它必須是平等無記，才能兼蓄並容，統納一切善惡種子。因它「性惟無覆故」「任運而緣故」，所以屬三境中的性境[2]。第八識於三量中屬現量[3]。第八識「心王」是無覆無記性，其「心所」當然亦是無覆無記性，所以第八識的相應心所只有五徧行（作意、觸、受、想、思），而五徧行中的「受」，只有「捨受」，其他苦、樂、憂、喜四受皆不相應。

第八識為什麼不與「五別境」心所相應？因為阿賴耶是任運攀

1　非善非惡，不能招感異熟果報，故稱「無記」。此說適用於有漏法。無記有兩種：

1. 有覆無記：所作雖非善非惡，但能覆蓋聖道，如第六意識屬有覆無記。第七識亦是有覆無記。

2. 無覆無記：所作非善非惡，亦不會覆蓋聖道，如眼、耳、鼻、舌、身五識是無覆無記。第八阿賴耶識亦是無覆無記。

2　性境，指真實不虛之境，境界真存在，認知不虛，並未隨意起分別而緣境，及至第二念起妄想分別時，是意識的作用，則已不是性境了。性境不隨心生，「識」緣「境」時正見不謬。

3　現量：現量是能緣之心，量所緣之境時，不起分別計度所獲之量果。但現量之境，要具備三個條件，即一者是現在，以簡別於過去或未來。二者心識認識的物件必須要顯現出來，亦即必須是現行位之法，在種子位不能成為現量。三者現有，在能所位上，即能量之心與所量之境，二者俱是明白現前，和合俱有。第八識緣根身、器界、種子，唯是現量。

緣現境的，且是一類相續的，與別境心所的各別緣境變易不定的性質不同。它為什麼沒有「四不定」心所？因為阿賴耶無所造作，怎會有追「悔」呢？它唯是一類的任運緣於現境，怎會有「眠」？它於境上無粗細的計度分別，只有細微幽密的性格，怎會有「尋伺」？為什麼沒有十一善心所及二十六煩惱心所？因為阿賴耶是不善不惡的，所以皆不與善心所、煩惱心所相應。

「界地隨他業力生」是什麼意思？第八阿賴耶識既不造善惡等業，又不與染法相應，自然也不會招感苦樂等果報，但它為什麼忽然生天，忽然下地獄，在三界九地中（見前文表十）流轉？ 這是由於前六識的業力所推動。「他業力」就是前六識業力。阿賴耶識是依他起性，隨前六識之業力而受生。它雖是異熟總報體，但不得不受業力的支配與推動，自己並不能自由自在地作主啊！

過去的因造成現在的果，如過去前六識是修五戒，行十善等善業，就可招感今生人天善趣中快樂的異熟果；如過去前六識是作犯戒，造十惡等惡業，就會招感今生三惡趣中苦痛的異熟果。第八阿賴耶識是三界有情所招感的總報體，是業力寄託的所在，生死輪迴的主體。它以善惡業力的牽引，輪迴於三界九地。

現在繼續講阿賴耶識。我們怎知有阿賴耶識的存在？《成唯識論》依十個理由，論證有阿賴耶識的存在：「十理者：持種、異熟心、趣生、執有受、識、生死、壽暖識、依食、滅定心、染淨。」

1. **持種：**佛經說一切雜染、清淨諸法，都是緣起於心念，所以《大乘起信論》說：「心生則種種法生，心滅則種種法滅。」這心念必須有起源處或儲藏處，猶如「種子」潛伏於地，待緣而開花結果。若無此識，持種之心豈不是沒有？怎能執持種子？

2. **異熟心：**報應善惡業有異熟，成熟的時間各有不同（different timing），若無此識，怎能等待，領受異熟報體？有情的根身及所居的器界，亦是真異熟識之所變現。經云：「內變根身，外變器界。」若無此識，誰變根身器界？

3. **趣生：**若無此識，人死後以什麼主體去流轉，投生六道輪迴之中？所以必須有此阿賴耶識為投生主體，才能解釋生死的流轉與還滅。

4. **執有受：**若無此識執受有色諸根，當前六識停止活動時，有情生命必會立刻崩潰，成為一具沒有生機的死屍。行者在「無想定」的時候，前六識完全不活動了，但這人為什麼還有壽（life）、暖（warmth），而心識尚存，這是哪一個識？必然是阿賴耶。誰給這身體「食」，必是阿賴耶的「識食」所資養。

5. **識：**「識」與「名色」是互為依緣的。「名」者，是五蘊中的受、想、行、識，總攝精神；「色」是色蘊，總攝物質。這五蘊從何而來？如是追尋，必知是從「識」而成。「識」與「名色」互為依存，才能延續生命的流轉，故知有阿賴耶識。

6. **生死：**當生命最初來受生時，前六識還沒有來此受生，必須有個受生死的識體。此受生識體，唯識學者名它為阿賴耶。到了生命最後結束時，前六識預先漸漸離去，正當臨命終時的一剎那，此離去識不是賴耶是什麼？

7. **壽暖識**：「壽暖識三」為生命互相依持的架構。由此可知，只有識（consciousness）才能保持壽（life）暖（warmth），生命才不會像木頭那樣的無所知覺。這識就是阿賴耶。

8. **緣依食**：有情眾生要依「食」而延續生命。食有質養之用。「食」有四種：段食、觸食、思食、識食。若人在「無想定」的時候，段食、觸食、思食都沒有了，只靠「識食」。這識食來自阿賴耶識。

9. **滅定心**：滅定是「滅受想定」的簡稱，是小乘三果聖者與不退菩薩以上所修的定。這時不但前六識不起作用，就是污染的第七識亦不起活動，特別「受想思」心所更完全停止了。《成唯識論》卷四說：「……住滅定者，身語心行無不皆滅，而壽不滅亦不離暖，根無變壞，識不離身；若無此識，住滅定者，不離身識，不應有故。」

   行者一旦入於此定，身口意三業皆不起活動，但他並不是死人，仍是一個活着的有情，因為壽既沒有滅，暖亦沒有離開身，識仍然在執持根身。假定認為滅定心中沒有第八識，試問誰能執持諸根壽暖？

10. **染淨證**：萬有諸法，不論染淨，不但以心為本，亦是因心而生，依心而住；心受諸法所熏，亦執持諸法的種子，如一切染淨、有為、無為法，皆是以第八識為根本的。前七轉識現行活動，皆是依第八識而住的；第八識亦是能受彼前七轉識之所熏習的；接受它們熏習後，第八識又能持彼前七轉識的種子。諸如此類能藏、執藏、受熏、攝持種子，作為輪迴主體的殊勝功用，不是七轉識力量所能做得到的，所以不能不承認有第八識。

凡夫執愛美色，愛欲心重的人，以觀色為樂事。心念生起淫欲，遂產生淫行；但修淨行的人，觀此色為苦本，繼而修「不淨觀」，去卻淫念，所以同對一「色境」，兩種人觀之，則產生不同的感受與行為，故知好醜在心，外無定法。十方法界淨穢國土，皆是心中變現，故佛經說「三界唯心，萬法唯識」。心念雜染，遂產生雜染行為；心念清淨，會產生清淨行為，所以心識內必有執持染、淨、有為、無為種子的儲藏處。若這就是第八識的作用。

前七識（眼、耳、鼻、舌、身、意、末那）的現行（active manifestation），都是依第八識而成立的，並以它為根基。第八識受前七識的現行所熏習，亦同時執持各識的三性（善、惡、無記）種子，就這樣「種子生現行」，「現行生種子」，遂生出宇宙萬法。

二乘不了因迷執，由此能興論主諍

二乘者，「聲聞」「緣覺」二乘．他們依小乘佛法探討心識，至第六識為止，所以他們認為六道輪迴的生死沉淪、苦樂果報，都是由第六識的妄想執「我」而成的，故不把第七識、第八識提出來作精細的分析。二乘聖者修行的終極目的，是要了脫生死，從三界六道輪迴解脫出來。他們只是斷除了第六識上的「我執」（煩惱障），只是體證「我空」真如就可以了。他們還有「所知障」（即法執）。

須知二乘的覺悟尚未徹底，只破了「我執」；佛陀不但破了「我執」，連「法執」也斷滅了，體證「無上正等正覺」的終極覺悟。

「二乘不了因迷執」是什麼意思？佛陀住世對凡夫及二乘人說法時，只說到生滅無常的前六識，並沒有提及六識之外，還有個執着自我的第七末那識和含藏萬法種子的第八阿賴耶識，所以二乘行者不知道有這第七、第八識的存在。阿賴耶識的道理深隱精微，不但生死凡夫不易徹底了解，就是證了聖果的二乘人，也不易通達。《解深密經》說：「阿陀那識[1]甚深細，一切種子如瀑流，我於凡愚不開演，恐彼分別執為我。」因二乘人雖斷「我執」，若為說「相似我執」之阿賴耶識，惟恐他們因此而起分別心，更執之為「我」的主體，覆障了「無我」的真理，故佛陀不為他們說阿賴耶識。二乘聖者不了解阿賴耶識，而且他們尚未破除「法執」，仍然有「所知障」的迷執。

大乘佛法的經論中，有頗多解說第八識的義理：如《華嚴經》《楞嚴經》《大乘密嚴經》《解深密經》《勝鬘經》《大法鼓經》《地持經》《厚嚴經》《雜寶藏經》《阿毗達摩經》《涅槃經》《解節經》《楞伽經》《瑜伽師地論》《顯揚聖教論》《大乘莊嚴經論》《唯識三十論》《攝大乘論》《大乘五蘊論》《分別瑜伽論》《百法明門論》《唯識二十論》《辯中邊論》《大乘阿毗達摩集論》等等。二乘聖者不僅不知第七識、第

1　阿陀那識（梵語：ādāna vijñāna），大乘佛教術語，最早出自《解深密經》，是第八識阿賴耶識的別名。（可參考維基百科，檢自 https://zh.wikipedia.org/wiki/%E9%98%BF%E9%99%80%E9%82%A3%E8%AD%98，檢索日期：2025.01.23。）

八識的道理，反而懷疑它們的存在，常發出「大乘非佛說」的謬論，反駁大乘第七、第八識學說，引起種種爭辯，所以頌句 說「由此能興論主諍」。

浩浩三藏不可窮，淵深七浪境為風

這兩句頌文解釋第八識的體性（intrinsic nature）與行相（phenomena）。「浩浩」者，廣大無涯之貌。第八識的行相，極為微細，而且廣大如海，風生浪湧，淵深難測。「三藏」，「藏」者儲存義，有能藏、所藏、執藏：

1. **能藏：**第八識猶如倉庫，能儲藏一切品物，即是說這識能含藏前七識無量劫以來所有一切善、惡、無記、有漏、無漏種子，令其不散失。這是從第八識能持種子的角度去分析其體性。
2. **所藏：**這是無量劫以來所有一切善、惡、無記、有漏、無漏種子所依處，故名「所藏」。前七識現行諸法，各各熏其種子藏在阿賴耶識中，故種子是所藏，阿賴耶是能藏。
3. **執藏：**執者，含有堅守不捨的意思。第八識被染污的第七識（末那識）所執持為我。第七識為能執；第八識為所執，故說執藏。

「不可窮」，即無窮無盡。若有人問：第八阿賴耶識有多大啊？廣大無邊！其浩大茫無際涯，非凡夫或二乘智者所能了解。《大乘密嚴經卷下》說：「阿賴耶識雖種種變現，而性甚深，無智之人不能覺了。譬如幻師幻作諸獸，或行或走，相似眾生都無定實，阿賴耶識亦復如是，幻作種種世間眾生而無實事，凡愚不了妄生取着……」第八識的行相無量無邊，所以特別形容此識為「浩浩不可窮」。

「淵深七浪境為風」是什麼意思呢？浪與風是譬喻。第八識猶如大海，其水浩瀚無涯，如我們的心識儲藏着無量種子（latent energy），一旦遇到狂風（遇境），吹湧作浪，其識海中所含藏的諸法種子，就會與外緣和合，生起前七識現行（activities）的波浪來。波浪的勢力怎樣，全憑吹來的境風有多少而決定（表五十五）。

表五十五

淵深七浪境為風

阿賴耶識譬如大海，無量種子之所積集，故名「淵深」。隨於外境諸緣和合，引動種子，而起七識，成為現行。藏識如深淵，前七識之現行，如淵中之浪．亦以色、聲、香、味、觸、法六塵境界為風而吹之為現行。

藏識猶如海水，前七轉識猶如波浪，吹拂的風猶如境緣。這波浪的生起，是久是暫，是多是少，全由吹來的境風決定。

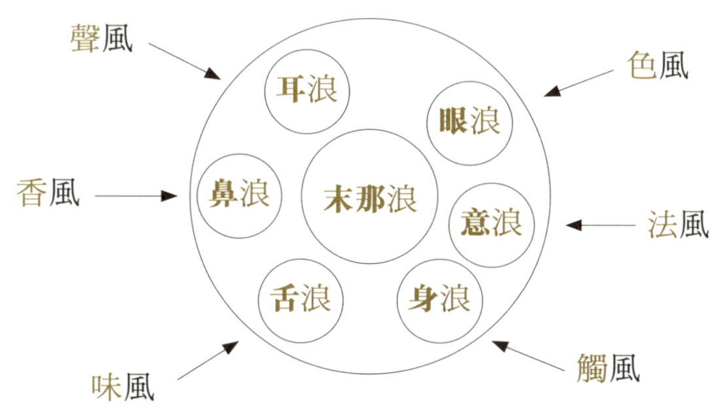

這第八識本來無有動相，湛然常寂，因六塵境界之風所拂動，故六識俱起，第七識（末那）為前六識的所依根，由意識之牽動而生起「我執」，形成七浪，所以《入楞伽經》卷二偈云：「譬如巨海浪，斯由猛風起，洪波鼓溟壑，無有斷絕時。藏識海常住，境界風所動，種種諸識浪，騰躍而轉生……海水起波浪，七識亦如是，心俱和合生……」換言之：一切眾生，由無始以來的迷惑妄習所熏，六識執着六塵，故有身內之煩惱，擾亂心識，如瀑水流，為風所漂，故說「淵深七浪境為風」。若能體證心境皆空的般若正智，不為境風所動（六境：色聲香味觸法），識海自然趨於湛寂。

世間一切現象（包括物質界與精神界）都沒有自主、獨立、自存、常住的體相。這道理是不可置疑的。從有情眾生的心識去看：宇宙（器世間）並非是一種心外的客觀、獨立、存在體，而是由眾生的第八識歷劫以來演變所成的現象，屬於物質的境相。換言之，一切現象的成住壞空，都是心識所體現的，唯識學說這是「變現」。「變現」者，非突然無中生有，而是由因緣的和合或分散演變而成的意思。其實，宇宙萬象之形成，皆始於心念，由心念而演變成「身口意」（action, speech and thought）三業的現行。這業力的形成，其因果關係重重無盡，輾轉互為緣起，所以當第八識生起自體時，也就同時變現出器世間（物質世界）。《成唯識論》卷二說：「阿賴耶識因緣力故，自體生時，內變為種（latent energy）及有根身（physical bodies），外變為器（all universal phenomena）」。

唯識學家以「賴耶緣起」來解釋宇宙的形成。佛法對於宇宙實相的分析說法很多，稱為「緣起論」：俱舍宗有「業感緣起」論，真常系有「真如緣起」論，華嚴宗有「法界緣起」論，密宗有「六大緣起」論。其實任何對於宇宙建立的觀察，只是「認識論」，是修行路上的工具而已，其本身並不是「諸法實相」，認知後亦不能令你脫離生死苦海，必須透過真實的修行，才能達到涅槃彼岸。修行的方法，若依佛法所提出的有淨土宗、禪宗、密宗、天台宗、華嚴宗、唯識宗等。哪一宗適合你的根機？你必須親自去學習與實踐。唯識宗修行的終極目標是轉八識成正智，轉第八識「阿賴耶識」成「大圓鏡智」。此智能斷惑（斷一切分別、俱生的煩惱種子）證真（證悟無上正等正覺）。

受熏持種根身器

前七識（眼、耳、鼻、舌、身、意、末那）的所有一切現行活動，都形成業力，如以雜色染布一樣，熏習並儲藏於阿賴耶中，成為業力種子。從無始以來（timeless beginning），無明（ignorance）迷覆真心，真如受妄熏習成為阿賴耶識，其熏習力攝持於自體中為妄種子（因），能生未來報（果）。這是因阿賴耶識受前七識的種子所熏習，稱為「受熏」。換言之，第八識雖然能攝持種子，但不會自熏種子，猶如穀麥芽等種子，雖然有生芽的功能，如果沒有水土等物質熏發，亦不能生出現行的果。由於第八識的自力劣弱，不能自發熏染，必須假藉前七識的熏習，這就是「受熏」的意義。

再說「熏」義：前七識生起善、惡、有覆無記的熏習力，留於第八識中，能生未來報，這潛伏力名為「種子」。由此而知：前七識是能熏；第八識是所熏（亦是受熏）。《成唯識論》卷二建立所熏、能熏各四義，現在先講第八識的「受熏」義。「受熏」有四種特徵：

1. **堅住性：**第八識從無始以來，一類相續，常無間斷能執持習氣（梵語：vāsanā，英譯：latent energy）。前七識的現行活動雖已滅為過去，但其所熏成的種子卻保持在阿賴耶識之中，一旦遇緣時，復從種子生起現行，是以一切過去的經驗事實，皆能記憶不忘，只有這堅持不斷，常住不變的性格才能維持其受熏的種子。這就是三世因果的真實性，所以《百業經》中說：「縱經百千劫，所作業不忘；因緣會遇時，果報還自受。」就算時間過了千百萬年，我們所作的業，都儲存在阿賴耶識中為種子，一旦因緣和合時，因果報應，自然出現。
2. **無記性：**阿賴耶識的本體是非善、非惡、無覆無記性（梵語 anivṛtāvyākṛta，英譯：non-impedimentary neutrality），所以能接受一切熏習，如果它本身有善惡的立場，就不能容受其他諸法。它是被動地，平等地接受前七識的熏習。
3. **可熏性：**阿賴耶識本身如海綿，所有水分都可浸入，它沒有堅密的抗拒性，所以前七識的習氣都能熏染它。
4. **與能熏共和合性：**阿賴耶識不會抗拒前七識的熏習，能同時同處，不即不離地相應和合，所以是最理想的受熏處。

由於現在講的是第八阿賴耶識的受熏義，所以關於「能熏」四義，在此不詳說了。總之，前七識是能熏，因為它們有四種「能熏」必須的特徵：1. 有生滅變化；2. 有勝強勢力；3. 其勢力可增可減；4. 與所熏和合而轉。

第八識能「持種」是什麼意思呢？前七識不是無覆無記，不能容受一切法的熏染，而且有間斷，不能持種令不失不壞；但第八識恒時無間斷地遍持世間、出世間本有熏習的一切種子，令不散失，所以它有持種的功能。這持種的功能唯第八識所獨具。

種子是唯識學極為重要的理論。所謂種子（梵語：bīja，英譯：seeds metaphorically, "seeds" also translated into English as "energy" or "unmanifested karma"）究竟是什麼呢？第八識含藏宇宙色（materiality）、心（spirituality/consciousness）諸法的種子。這種子能變現有漏、無漏一切諸法。眾生所作的業力恒常無間地儲藏在那裏，佛經所謂「業力不滅，三世輪迴」，這業力必須有一種連繫過去、現在、未來的法體。此法體就是第八識的種子。種子不是「色」，亦不是「心」，只是一種「功能」。為什麼不是「色」？因它不是物質；為什麼不是「心」，因為它是潛伏的「功能」，待緣始發揮作用成為「心識」。這種子功能的力用遍及宇宙，故種子亦遍及宇宙，一念起用，宇宙萬象森羅則現前，故種子無盡，宇宙亦無盡。種子起現行時，則產生「識」。這時識體上現起「相」「見」二分，「相分」由「見分」而顯示，所以識生起，即攝盡全宇宙，無一法不在識心之中。

「種子生現行」（梵語：bijat kriya utpadyate，英譯：energy that

表五十六

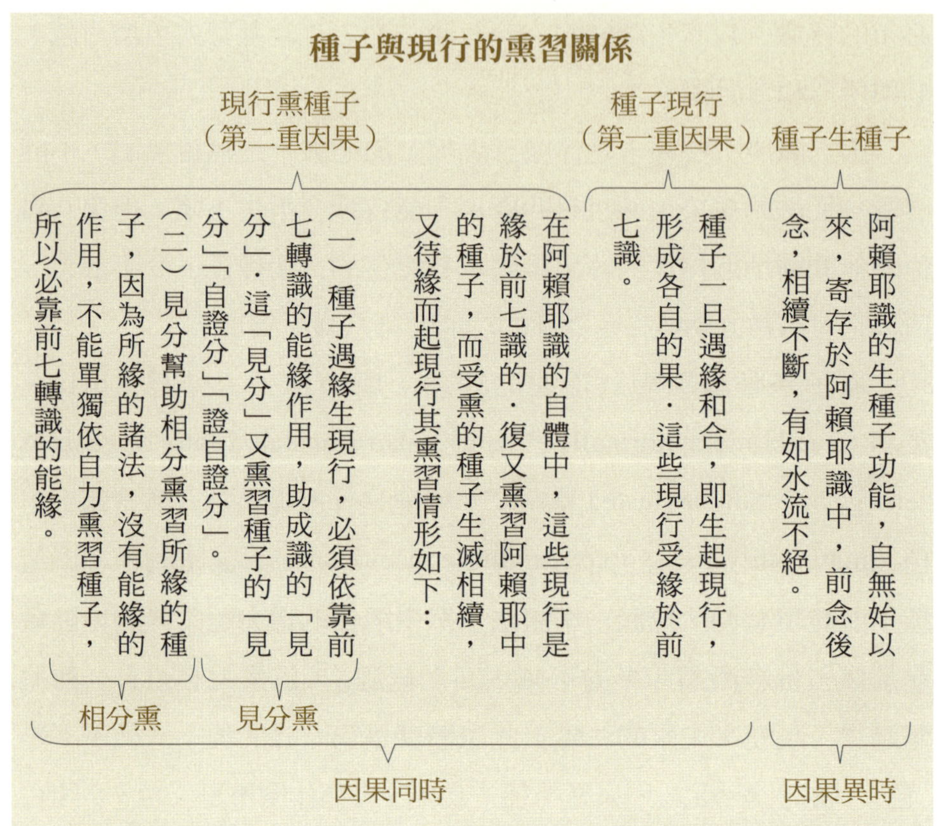

is manifested as thought, speech and action）是指阿賴耶識種子由因緣和合而生現行；再次由其現行法之影響，而熏習新種子（即新熏種子），稱為「現行熏種子」。在種子、現行法、新熏種子三者之間，產生「種子生現行」「現行熏種子」之密切關係，互為因果，同時完成。這三法展轉，互為因果，稱為「三法展轉，因果同時」（表五十六）。

頌句「受熏持種根身器」中，已經解釋了「受熏」與「持種」，下面繼續講「根身器」。

第八阿賴耶識含藏一切法的種子，宇宙萬有都是由阿賴耶識所變現的，所以阿賴耶識是宇宙的根源，萬法的總體。換言之：第八識是能變；萬法是所變。阿賴耶識能「內變根身，外變器界」，所謂「根身」，是指眾生各自的身心（正報），而「器界」是宇宙的一切現象（依報）。

這能變之「識」從何而來呢？其實，識從「本性」而來。這「本性」，在眾生曰佛性，在萬法曰法性。無論法性、佛性，皆是「本性」之異名。佛說：「眾生皆有佛性」，謂一切眾生之本性，原來是湛然常住，靈明覺知，清淨光明，與十方諸佛無二無別的。只因一切眾生，自無始來，被妄想、執着所覆蓋故，遂不能回歸到這個本性上，因而永遠，在迷惑顛倒中過日子。這個污染着無明煩惱之本性，是名為「識」。當本性從真起妄，這由覺轉迷的初動之體，稱為「本識」，亦即是第八識（阿賴耶識），而前七識（眼、耳、鼻、舌、身、意、末那等識）復由本識所轉生，所以前七識亦名為「轉識」。「本識」與「轉識」合為八識，遂變現出宇宙萬法來。

由於前七識是由第八識所轉變者，真正具有能變功能的是第八識，因為不但一切外境，是由第八識中之種子所變現的，前七轉識也是由第八識中之種子所變現的。此識如何能「內變根身，外變器界」地變現出生命與宇宙萬法來呢？這「變」不是突然地、無中生有地像魔術般變出來。唯識學所講的「變」有着非常深奧的意義。這變是由於清淨心生起一念無明，遇種種因緣時，遂攀執外境，妄生煩惱，因煩惱而作業，因作業受報，流轉生死苦海。這識變起源於念頭（一念無明），成為心識的種子，這種子是一種功能（energy），此功能未起現行之前（即潛伏的功能，英譯 latent energy），不稱為「識」而稱為「種子」。當此功能發生作用（由潛伏而生起現行）時，不稱為種子而稱為識。就這樣從無量劫以來，種子生種子，種子生現行，現行熏種子，輾轉循環，作業受報，譬如瀑流，相續不斷。宇宙生命就是這樣開展出來的。

識變，是唯識學的獨特的理論。它意謂宇宙萬法，皆是識所變現。《成唯識論》:「變謂識體轉似二分，相見俱依自證起故，依斯二分施設我法，彼二離此無所依故。」八識心王、及各各相應心所，皆能從自體轉變（變現）出似有實無[1]的相分和見分。見分是能認識的作用，相分是外境的影像，依此二分施設（假說）我法，而此相、見二分，是識體轉變出來的，離開識體也就沒有相、見二分，這就是識變。

第八識的種子怎樣「內變根身，外變器界」？先講「內變根身」。

根身，指眾生各自的身心（body and mind），即是他（她）的五蘊身——色、受、想、行、識。從無始以來，眾生的顛倒迷惑，分別妄想，及其言語、行為所產生的所有業力，不斷使其阿賴耶識染雜有四種妄想（截斷色 solidity、津潤 humidity、炎盛 heat、飄動

1　這「有」是因緣和合而暫有的，其存在的過程有生、住、異、滅，是無常的假合，所以並非真實地永恒存在，所以說「似有實無」。

oscillation)，產生四個大種功能：堅實之功能（地大），流潤之功能（水大），炎熱之功能（火大），飄動之功能（風大）。每人身命受生之初，是由於一男一女（其父母）起淫念生淫行，交合時男精蟲及女卵珠於母體中和合，同時這人的「中陰身」[1]與該行淫的男或女具有宿緣，即會投入母胎，形成胎識，復由母體中的四大助成，漸漸長養於胎中。《大寶積經・佛為阿難說處胎會第十三》說：「若有眾生欲入胎時。因緣具足便得受身⋯⋯云何得入母胎。所謂父母起愛染心，月期調順中陰現前⋯⋯業緣具足便得入胎。」如此漸長，直至出生。出生之後，又經嬰孩、童子、少年、中年、老年五大階段，最後走向死亡，由所造新業而經「中陰身」，投入六道[2]，如此循環不休。每當一期生命結束時，四大分離，前七識之功能隱沒，不起現行，第八識最後離開身體，至此命根即不存在，一期生命宣告結束了，又繼續流轉到下一期的生命。

阿賴耶識與根身，彼此有共存的關係。如果阿賴耶沒有根身為所依附，則沒有它的活動天地；若離開能變現的阿賴耶，就沒有根身的存在，所以阿賴耶對於根身具有「攝為自體，持令不散，領以為境，令生覺受」四義。六道中各種眾生，有各別不同的根身，都

1　又名「中有」，即人死後尚未投胎之前，有一個由微細物質形成的化生身來維持生命，此化生身即是中陰身。此中陰身在最初的四十九天中，每七天一生死，經過七番生死，等待業緣的安排，而去投生。（出處：陳義孝編，竺摩法師鑒定，1994，《佛學常見詞彙》，銀川：寧夏人民出版社。）

2　六道，即地獄、畜生、餓鬼、人、天、阿修羅等，有善惡等級之別。眾生有未盡之業，故於六道中生生世世，受無窮流轉，生死輪迴之苦，稱為六道輪迴。〔《過去現在因果經》卷二、《大毗婆沙論》卷一七二〕

是由各自業力所生的識變。每個生命的存在，其壽命的長短，生活質量的優劣等，都取決於各眾生自己所作的業力。

何謂「外變器界」？先前講阿賴耶識「內變根身」，根身指各眾生的身心，即佛經常稱之為「正報」。所謂「器」，是受用的意思，所有被有情眾生所受用的，都叫做「器」，又名「依報」。「外變器界」者，即是總指大自然界：山河大地，草木叢林，及生活所需諸資生具，一一有情所受用者，包括科學所分劃的天文、地理、植物、礦物，以及社會等。自身是「正報」，依報即是身外一切森羅萬象的大自然界，有情眾生生活的資具，事物、房舍、飲食、臥具、醫藥等，大至河山，小至原子，無一不是阿賴耶識轉變生起的相分。

阿賴耶識能「內變根身，外變器界」，上文已經解釋過內變根身和器界的意義，現在繼續講器界。

《成唯識論》卷二說：「此識行相所緣云何？謂不可知、執、受、處、了。了，謂了別；即是行相，識以了別為行相故；處，謂處所，即器世間，是諸有情所依處故；執受有二：謂諸種子及有根身——諸種子者，謂諸相名分別習氣；有根身者，謂諸色根及根依處。此二皆是識所執受，攝為自體，同安危故。執受及處，俱是所緣。阿賴耶識因緣力故自體生時，內變為種（子）及有根身，外變為器；即以所變為自所緣，行相仗之而得起故。此中了者，謂異熟識於自所緣有了別用。此了別用見分所攝。」關於這阿賴耶的行相、所緣等特徵，單從閱讀文字，頗難了解其種種關係，最好能作表解（表五十七），透過思慮分析，以明白其義理：

表五十七

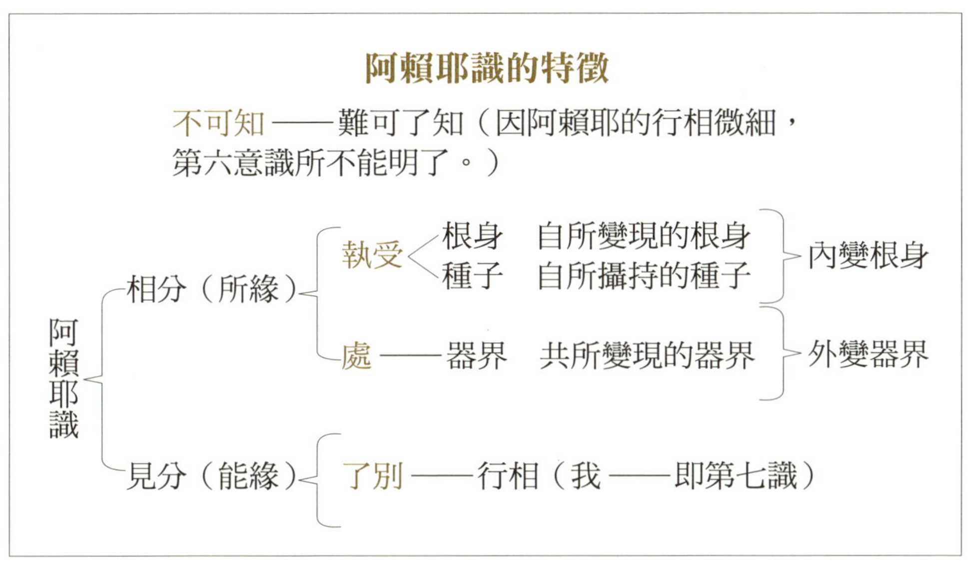

阿賴耶識攝持的種子自變根身（正報），但器界（依報）是各眾生的阿賴耶識所共變的。換言之：一切大自然界，有情生活的資具、事物、房舍、飲食、臥具、醫藥等等，大至河山，小至原子，其形成都是眾生的共業所招感的。阿賴耶識中存在有兩類不同的種子：

1. 共相種子：能現行生起器世間（器界）。
2. 不共相種子：能現行生起有情生命的自體（根身）。眾生的身根，各各差別互不相共，所以名為「不共相」。但這不共變的人生，又可分為兩種：

（1）不共中的不共：這是生命體的「淨色根」，生理學上稱為神經系統。淨色諸根是各眾生的第八識所各變的，到生命結束時，這神經系統即失去作用。在生時，各眾生受用自己的淨色根，不與他人共同受用，亦即與他人毫無關係，所以是屬於不共中的不共。

（2）不共中的共：指根依處的形體，乃至腦髓等，有共變共用的關係，亦即不但他可變現，而且亦為他之所受用，如我見到你的眼耳鼻等形態，你見到我的眼耳鼻等形態，所以是屬不共中的共。

宇宙器界是由阿賴耶識的共相種子生現行，共變共依而成的，但這共變有共中之共及共中不共的兩類。但大家須知：所謂共變，並不是一一眾生彼此互相平等地受用大家所變的世界。總相是共變的，例如香港是共業所形成的城市，但共中有不共，有富亦有貧啊！私家豪華醫院，只有較富者才能受用，貧者無財力受用啊！

眾生共同業力所變的器世界，是為各阿賴耶識各變呢？還是各阿賴耶識共變呢？假如說是各個阿賴耶識各變各的，那麼在各眾生一期生命結束時，不單他的身體壞滅，就連他所依住的宇宙亦應壞滅，但事實則不然，某眾生死了，宇宙仍然存在啊！眾生由阿賴耶識所變的根身，其存在只有一生的時間，死後又會帶業投生到下一期的生命；但共業共變的宇宙器界則不同，其存在的時間長久得多了，但不管是怎樣久遠，終有毀滅的時候，這就是「生住異滅」的道理，一切萬法都是無常的啊！

「一切有情心識業力共所變現的器世界，從表面上看來，好像是彼此互用的，但實際去觀察，一一有情並不能彼此互用你我所變的世界」[1]。在共業總相說來，器界是各眾生共變，但其實各眾生「各自變作一一的世界，還即亦以自己所變為自己所受用。譬如甲所受用的，是甲自己所變的世界，不是乙所變的，因而乙也就不能受用這個世界；而乙所受用的，是乙自己所變的世界，不是甲所變的，因而甲也就不能受用這世界。餘諸有情，莫不如此。既是各自所變，為什麼叫做共變呢？因為雖屬各自所變，但是因一一有情相的類同似能感的增上業所互助故，他們所感的世界相也是相似的，且在同一空間各變各的，互相涉入，互相雜住而不障礙。不過由於涉入雜住，好像和合成為一體，所以不易為人所覺察，在能變的關係上，實際仍是各變各的。如果說：『若要明了這共同世界的自相，還是一一有情自識所變現的一一不同的自識相分，好像一個室裏點上千盞燈。它一一所放的光，是各從各的燈上射出來的，而一一的光都能遍照全室，光光相似，互相涉入而不相障礙，似乎完全唯見一光，不見一一不同的光。現在我們有情共變同一的世界，也是這樣，其實是各變各的，所謂「而相相似，處所無異」。然而一般凡夫的眼光，不免見到唯是一個世界上』。所以，從喻說明，萬盞燈光，各有各的燈光系統；從法說明，共變世界，各有各的能變所變的系統，絲毫不相混亂的。」[2]

器界的總相表面上雖然是眾生共業所變的，但其實是各眾生隨着各自的業力所支配去了別和受用器界的。這就是共中不共。換言

1 理證，2001，《試論阿賴耶識存在之必然性》，《法源》總第十九期。

2 同上。

之：雖是同一境界，眾生受用各自不同。唯識學派常以「一水四見」解釋這道理：一池水，在人類看來，它就是水；但在天人所見，它是琉璃；以餓鬼所見，則為濃血；對魚蝦來說，則是家居。同是一池水，不同的眾生見到，會產生不同的心識去受用，因為他們各自的業力有異啊！這就是「唯識無境」的道理：唯有心識的了別功能，而無有外境的真實性。

去後來先作主公

阿賴耶識是生命的總報體，是「主公」，當這生命結束時，它是最後離開身體的，所以說「去後」；當這識投胎到另一期新生命時，它是最先於一剎那間投入母胎的，所以說「來先」。

人死的時候，「風大」先離開（斷氣），繼而「火大」離開（暖消），再過一段頗長的時間，「水大」和「地大」也漸漸消失、分散。這是身體消失的過程。在風大、火大離開後，前五識失去作用，接着腦意識（第六識）亦消失，這時第七識會把一生的經歷，從第八識取出來像放電影一樣播一遍。腦意識消失後，第七識亦消失。第八識就是阿賴耶識，最後離開這個冷卻了的身體。這就是「去後來先作主公」的過程，即是說阿賴耶投胎時先來，死亡時後走。

生命將結束時，若想知道他身上還有感覺否，全看他身上是否還有暖觸（heat）。如暖觸全無，則成死物，不過暖觸離身，冷觸現前，由於業力不同，其現象各不相同，招感將來善惡趣向的果報亦不同。死者命終之後投生何趣，取決於其阿賴耶識從身體哪一處最後離開。《雜寶藏經》中有明六道差別偈云：「頂聖，眼生天，人心，餓鬼腹，旁生膝蓋離，地獄腳板出。」現將其所述捨識的六處簡列於下：

1. 頂聖：若全身皆冷，唯頭頂上尚有暖氣，最後暖氣從頭頂上離去，此人將生於聖地為聖人。
2. 眼生天：若全身皆冷，唯眼部尚有暖氣存在，最後暖氣從眼部離去，當知此人將生於天上成為天人。
3. 人心：若全身皆冷，唯心窩尚有暖氣，最後暖氣從心窩離去，當知此人將投生人道。
4. 餓鬼腹：若全身皆冷，唯腹部尚有暖氣，最後暖氣從腹部離去，當知此人將墮落至餓鬼道。
5. 旁生膝蓋離：若全身皆冷，唯膝蓋尚有暖氣，最後暖氣從膝蓋離去，當知此人將墮落畜生道。
6. 地獄腳板出：若全身皆冷，唯腳板下尚有暖氣，最後暖氣從腳板下離去，當知此人將墮落地獄道。

以一般眾生來說，當阿賴耶識離開身體後，會化生成一個由稀薄物質組成的生命體，叫做「中陰身」（梵語：antarā-bhava，英譯：the intermediate state），世人稱之為「靈魂」。中陰身（表五十八）狀若五、六歲小孩。這中陰身的六根很伶俐，就算生前是盲聾瘖啞者都變為正常了，而且能聽懂各種語言。他能看到自己原來的身體和家人的行動，也能聽到家人的說話，但不能與人溝通，所以內心很彷

表五十八

中陰身

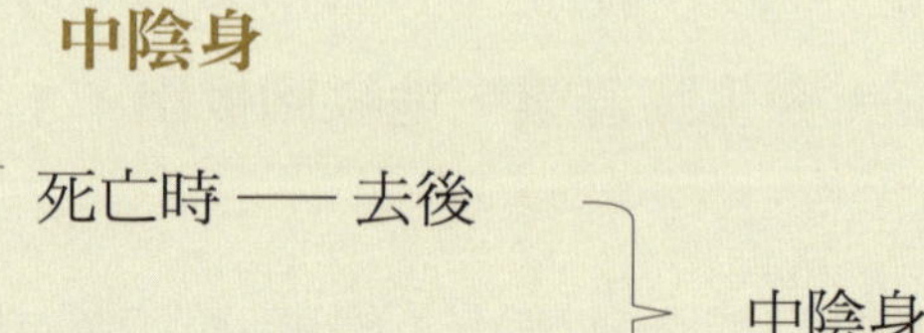

中陰身連繫了生命的死及出生。這是死亡後、出生前的生命形態。陽間眾生看不見中陰身，擁有天眼通的修行者，可以看見他們。中陰身的行動極為迅速，被業力與欲望牽引而走。如同一般眾生，它擁有完整的身體與五蘊，不過體形如小孩般高，但是其行動不會被實際的物質所阻礙。中陰身與中國民間宗教所說的鬼並不相同，因為中陰身不具有生前的實質形象，是一種細微稀薄氣體，其行為不能改變周遭事物的狀態。中陰身依靠香味為食，它保持其形態的時間也不會太久，最長不過四十九天，很快就會投身到下一世去。

徨、憂鬱和迷惘。生前做了很多善業的人（或修十善業者），死後直升天界，不須經過中陰身。反之，若生前做了很多惡業的人（如五逆十惡），則死後直接墮落地獄，不須經過中陰身。

這「中陰身」等待投生，一旦因緣成熟，剎那間在冥暗中遙見一光（其將來的父母交合時產生的淫光）。這時三境和合（中陰身、父精、母血），它見光而生起愛憎的顛倒想，與淫境相合，攬取父母交合時所遺下不淨的赤白二渧（母血赤 ovum ，父精白 sperm），執為是自我（第七識的業用），並生起愛心，於是投生入母胎中。這「納識成胎」的過程，《大寶積經卷》第五十六有甚詳細的描述：「……父母及子有相感業，方入母胎。又彼中有欲入胎時，心即顛倒。若是男者，於母生愛、於父生憎；若是女者，於父生愛、於母生憎。於過去生所造諸業，而起妄想，作邪解心……。其時中有作此念已，即入母胎……」。這一切都是「因果報應，業力輪迴」的經歷，俗世有云：「善有善報，惡有惡報；若還不報，時辰未到。」若世人明白此理，對於自己的行為，可不慎哉！

中陰身存在的時間，長的四十九天，短的數小時，其識神以七天為期變化一次，越久越迷惘，境界各各不同，但終會因為受到自己善惡業力的牽纏，投胎於六道中：地獄、餓鬼、畜生、人道、天道、阿修羅道，又再開始另一次生命的歷程。中陰身尚未投胎時，將來罪福的果報暫時未定，內心既悲哀又彷徨，無所依靠。這時，若陽世眷屬是佛教徒，大多會依佛法為亡者廣做善事，或供養三寶，或誦經拜懺、唸佛回向給亡者，使其神識藉此行善修福的功德，能投生善處（或西方極樂世界）。這就是俗世所謂超度、薦亡的佛事，即是以佛事（如誦經）向亡靈講經說法，勸導他捨惡修善，皈依三寶，放下對家屬財物等的眷戀與執着，安慰他往生善處。若家屬過了四十九天還未為亡靈做薦亡的佛事，則中陰身已投胎六道之中，超度已經稍遲了！

不動地前纔捨藏，金剛道後異熟空

先解釋「不動地」：我們在討論第六意識時，曾經解釋過菩薩從凡夫修行到佛果，要經過五十二個階位（表五十九）。第七地（遠行地）是「轉依」[1]的重要關卡：從「有相有功用行」漸轉為「無相無功用

表五十九

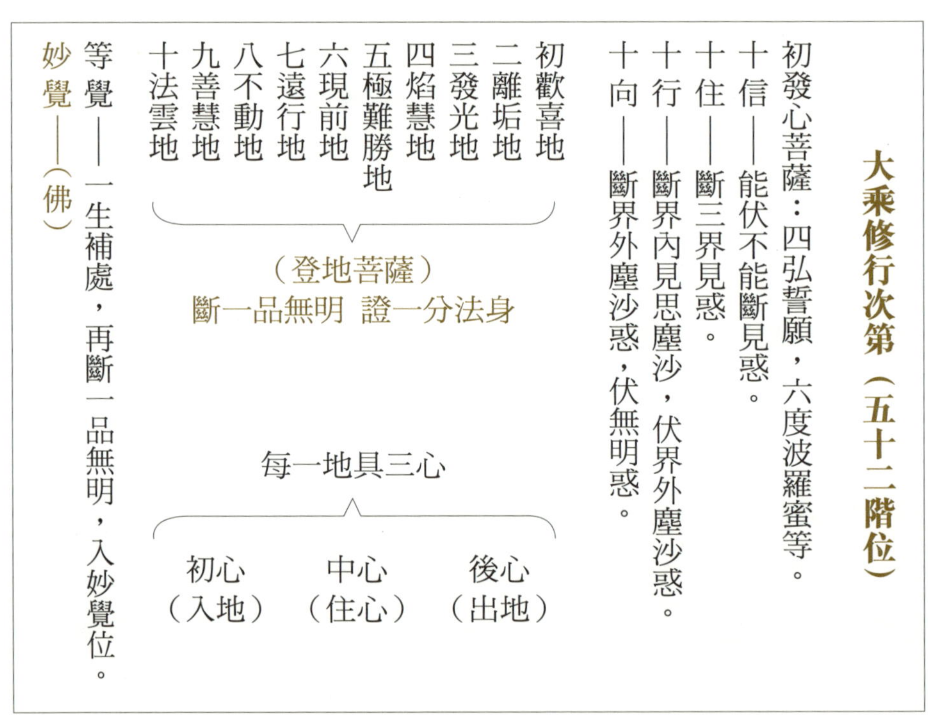

1 轉依：「轉」，即捨去之義；「依」，即轉迷成悟所依證之法，亦即轉捨八識，依證四智。轉前五識為成所作智；轉第六識為妙觀察智；轉第七識為平等性智，轉第八識為大圓鏡智。

行」[1]，這時遠遠超過二乘（聲聞乘、緣覺乘）的修行，所以稱為「遠行」地。遠行地的菩薩已滅盡「俱生我執」。須知第七識（末那識）從無始以來，執着第八識的「見分」為「實我」，因這我執而令第八識背上污名為「阿賴耶」（執藏「我愛」之義）。這時菩薩快要進入第八地（不動地），既然已經伏滅了「俱生我執」，阿賴耶識亦應捨除「儲藏我執」這污名了，所以說「不動地前纔捨藏」。

第八識有三種名稱：阿賴耶識（梵語：ālaya-vijñāna）、異熟識（梵語：vipāka-vijñāna）、阿摩羅識（梵語：amala-vijñāna）。三種各有其義：「阿賴耶」執藏善惡諸法種子，隨業力生長，專來三界中酬業受報。換言之，它以第六識所造的善惡業為因，與第七識的我執為緣，自我牽引到六道輪迴中受報。第八識在酬業受報中有「異熟」之義：異時而熟、異類而熟、變異而熟三義，一直到「金剛道」[2]後，異熟識才能歸於空寂。「阿摩羅」有清淨無垢之義，這是如來藏清淨真心，它雖然流轉在生死中，但其體性則無染，將來經過「戒定慧」的修學，能逆流還淨，體證本來清淨的自性涅槃。由凡夫修行到佛果，由阿賴耶識、異熟識，轉為阿摩羅識，要經過三個修行的階位：

1　所謂「有相」，指對諸法作有相觀，即是有修行的所緣境（例如修安般守意，觀十二因緣的流轉、還滅相、參話頭等）。所謂「有功用行」，就是在修觀行中，不是任運自然的，是要以身口意加功用行，才能於修行中得到相應。「無相無功用行」，即是不需要執着某修行方法，或強制身口意加功用行，是任運自然地修行。

2　「金剛道」，亦名「無間道」，當等覺菩薩證入「金剛喻定」，連極微細的「俱生法執」亦斷盡時，可進入「解脫道」。無間道能斷惑（斷煩惱種），解脫道能證真（證菩提果）。

1. 我愛執藏位：從無始以來，凡夫的第七識念念執着阿賴耶識的「見分」為自我，並且對它深深地愛着，遂生「我愛」，沉淪生死輪迴之中。菩薩從初發心修行到第七地時，不但「分別我執」已滅除，連「俱生我執」也伏滅了，但尚存微細的「俱生我執」。當他從第七地快要進入第八地之前，即「不動地」前，連最後微細的「俱生我執」也斷盡了。這時由於「俱生我執」已空寂無存，阿賴耶這「執藏」之名永捨，所以頌句說「不動地前纔捨藏」。

2. 異熟業果位：第八識又名異熟識，舊譯為果報識。為什麼第八識是果報識呢？因為第八識隨業力而生長，專來三界酬業受報的。它以第六識所造的善惡業因與第七識的我執為緣，牽引自識到六道中去投生，受苦樂果報。眾生之第八識，永遠在六道輪迴之中，沉淪生死！它是酬業受報的主體，六道輪迴的根本，而在酬業受報的過程中，其因果關係有三種「異熟」之義：

（1）異時而熟：從我們所造的善惡業因，到所受的苦樂果報，這中間往往會有一段時間的間隔。有今生造業因今生就受報的；有今生造業因下一生才受報的；有今生造業因到了第三生、第四生，乃至十百千生之後才受報的。其成熟時間各自不同。

（2）異類而熟：《成唯識論》說：「因通善惡，果唯無記」，第六識所造的業因，或是善性，或是惡性，但其所感得的第八異熟果本身，是非善非惡的無記性，因為「因果性異」，所以叫「異類而熟」。口造業，身受報，所以業與報各自不同。人作善業者，在天受樂報，或人作惡業者，在地獄受苦報，作業與受報的地點亦各異。一般法相宗的解釋，就是善惡業招感無記報，譬如富貴人之身體，與乞丐之身體，同是人身，無有差異，此即是無記性之「異熟果」，但其業因卻有善惡之異。善因感的果是善的；惡因感的果是惡的，是異類的，不會善因感惡果，或惡因感善果。一般來說，受報的時候，受報的地方，和造業的地方也不一樣。

（3）變異而熟：從因到果不但要經過一段時間，而且中間要經過很多變化，如一棵果樹，由種子而長成芽苗，經過陽光、水土的滋潤與人工的培養，才能長出枝幹、綠葉，乃至開花、結果。這樣從因到果的生長過程，隨時都在變化之中。換言之：由業因所感得的果報體，其間是有種種變異的，如時間上的先後變異，空間上的彼此變異，所以從形態看來，因固異於果，果亦異於因，是名為「變異而熟」。

這頌句「金剛道後異熟空」是顯示當「俱生我執」徹底滅盡後，不但「阿賴耶」名已捨除，連「異熟識」這果報識也空卻了。何謂「金剛道」呢？須知菩薩的修行從初發心至成佛有五十二個階位（見前文表五十九）。第十地「法雲地」以後是等覺位，是佛的階位，於此菩薩已斷滅二障種子[1]，處於金剛喻定[2]，亦名金剛道，向前再跨一步便證入「解脫道」，這時異熟識已徹底空卻，隨時成就無上正等正覺，所以說「金剛道後異熟空」。

《八識規矩頌》最後兩句：「大圓無垢同時發，普照十方塵剎中」是修行到達了最圓滿的階位，即無漏清淨位，留待下節再討論。

大圓無垢同時發，普照十方塵剎中

前一頌句「金剛道後異熟空」是顯示當第十地的菩薩斷滅了俱生我執與俱生法執後，向前再跨一步便證入「解脫道」，這時「異熟識」已徹底空卻，轉為「大圓鏡智」。文中所說「大圓」是指大圓鏡智。《佛地經論》三卷三頁云：「大圓鏡智者，謂離一切我我所執……（中略）……永離一切煩惱障垢有漏種子。一切清淨無漏功德種子圓滿，能現能生一切境界諸智影像。一切身土影像所依，任持一切佛地功德。窮未來際，無有斷盡，如是名為大圓鏡智。」「大圓鏡」是譬喻智體清淨，離一切有漏雜染之法，顯現萬德之境界。佛果的圓滿智慧如大圓鏡，顯示自體時，能攝持無盡功德；普度眾生時，能映現世界萬物。

1　二障種子是煩惱障種子（即俱生我執）與所知障種子（即俱生法執）。

2　金剛喻定（梵語：vajropamā-samādhi），指如金剛一般堅利之定，比喻其體堅固，其用銳利，可摧毀一切煩惱。一般稱斷煩惱之階位為無間道，而由此證得真理之階位稱為解脫道，遂以起金剛喻定相當於無間道，由此得阿羅漢果或佛果亦相當於解脫道，故能起金剛喻定之無間道，亦稱為金剛無間道。（《大毗婆沙論》卷二十八、《大智度論》卷四十七、《俱舍論》卷二十四、《成唯識論》卷十）。

何謂「無垢」呢？無垢指阿摩羅識[1]，阿摩羅識是梵語 amala-vijñāna 的音譯，意譯為白淨識，或無垢識。當第八識轉為大圓鏡智，成為最上品的無垢淨體時，是屬純淨無漏的，與大圓鏡智同時發起。這無垢識即如來清淨藏，又名真如，亦即本覺。

如來為了教化眾生，於其大圓鏡智中，為了輔導十地菩薩而變現起「他受用身」[2]，為了度化凡夫而變現「應受用身」[3]，適應各類不同的眾生，為說種種不同的教法，使他們得到究竟利益，離苦得樂。

「普照十方塵剎中」是全文最後結語，是「轉八識成四智」究竟果位的終極描述。「十方」指東、南、西、北、四維、上、下的總稱；「塵剎」是形容如微塵般無量無數的世界。這清淨無染的大圓鏡智，無時無刻不放射出朗耀的光輝，普照十方塵剎。

---

1 阿摩羅識，佛教術語，又譯為庵摩羅識，意譯為清淨識，又名為第九識。阿摩羅識最早出自真諦三藏所譯經典中，習學真諦所譯經論的攝論宗以此建立九識學說。玄奘《成唯識論》中也提到了無垢識，但不認為它可另立為第九識，認為它只是善淨第八識的異名。（可參考維基百科，檢自 https://zh.wikipedia.org/zh-tw/%E9%98%BF%E6%91%A9%E7%BE%85%E8%AD%98，檢索日期：2025.01.23。）

2 是諸佛所修功德所感之圓滿色身，一般來說，常居色界四禪天頂（色究竟天），為入初地以上菩薩現形說法。

3 是諸佛為度化凡夫眾生，實行四攝法而幻化應現世間的色身，如釋迦牟尼佛之肉身。

表六十　第七識與八義理撮要對照表

名相	第七識（末那識）	第八識（阿賴耶識）
1. 境	真帶質境	性境
2. 量	非量	現量
3. 三性	無記（有覆）	無記（無覆）
4. 界地	通於三界：欲界、色界、無色界。	通於三界：欲界、色界、無色界（隨他業力生）。
5. 相應心所	十八個心所：八大隨煩惱，偏行五，五別境的慧，根本煩惱四。	偏行五
6. 依緣	執根緣（末那識依阿賴耶識為根，後以阿賴耶識為根本依緣）、境緣、作意緣、種子依緣，共四緣。	依心根（第七識末那）、境（根身、器界、種子）、作意、種子共四緣。
7. 顯體	執着自我，恒審思量（我見、我愛、我慢、我癡）。	能藏，執藏一切種子（浩浩三藏不可窮）。
8. 業用	主宰意識的思惟，恒常不斷地普遍計度前六識，於依他起性上不知其妄而起偏計所執，因此輪迴生死。	持種，受薰，其業力形成根身，器界，亦是輪迴體用。
9. 斷惑	(1)到「極喜初心」位時，壓伏「俱生我法二執」，這時第七識轉為下品平等性智； (2)經過第七地（遠行地）、第八地(不動地)、第九地(善慧地)，「俱生我執」永斷，這時第七識轉為中品平等性智； (3)第十地（法雲地）「俱生我法二執」永斷，第七識轉為上品平等性智。	第八地時滅盡「俱生我執」捨去藏識之名，再進一步至金剛道，滅盡「俱生法執」，捨「異熟識」之名，入解脫道，永斷生死，成就無上正等正覺。
10. 果用	現「他受用身」（莊嚴報身）教化十地菩薩。	修行達到究竟圓滿的無漏法淨的大圓鏡智。

第三章 總結八識及補充資料

一、總結八識

第七識是頑固、自私的我執，而且沒有思考能力，不能改善自己，
所以修學佛法，是要靠第六意識的力量，如理思惟，
用種種戒定慧的修學，化解第七識的執取，
轉迷成悟，超脫生死苦惱，證入無上正等正覺。

在八識中，第六意識最猛利，它的分別能力最為明顯且廣泛。
三界九地，一切迷悟升沉之業，無一不由意識所作。
善惡的造作、是非的分辨、美醜的觀感、自他的爭執，
全是意識的作用，用之止善則善至，用以行惡則惡生。

唐三藏玄奘大師造《八識規矩頌》，作為其巨著《成唯識論》的綱要。

第一段十二句頌前五識：眼識、耳識、鼻識、舌識、身識。這五識可一時俱起，或次第各自生起。當五根有作意為因，並有外境五塵為緣，五識就能生起。這是當下實際境界，名為「性境」。

五識與三十四心所法相應而起，通於善、惡、無記三性。它們能助第六意識作善、惡、無記之業，成為輪迴生死之緣，這是凡夫境界的五識業用。倘若凡夫發心修行，那麼當前五識緣外境時，亦能藉着塵境修行佛法而悟入真性，獲證圓通，這即是前五識幫助第六意識去「變相觀空」，轉五識為無漏的「成所作智」。這就是五識轉依的聖人境界。

第二段十二句頌第六識（意識）：這識所依的根是第七識。意識具足五十一心所法。全通三性（善、惡、無記）、三量（現量、比量、非量）與三境（性境、帶質境、獨影境）。意識內依第七識的我執生起妄念，剎那不停，忽善忽惡，識性染淨無定，躁擾不停如猿猴攀枝。它能審慮、決定、動發身口，作諸善、惡、無記三業。行為業力熏染後成為習慣，展轉熏習成為種子，牽引生死輪迴，受苦樂報，是為凡夫境界。

倘若第六識修行淨業，通過「戒定慧」三無漏學，就能轉意識成為「妙觀察智」，這正智能生起無邊作用，不但自度，亦能度他，為人宣說佛法，斷諸眾生一切疑惑，令轉迷成覺，這是聖人的境界。

第三段十二句頌第七識。這識自無量劫以來，恒審思量，內緣第八識的見分，執以為「我」體，外現第六識以為「我用」。我法二執，牢不能破，日夜相隨，屬於非量。此識具有十八心所法，時常相應而生，起惑造業，為生死無明的根本，所以這第七識在凡夫位是污染識。當第六識造諸善惡業時，即熏此識為污染，產生無量煩惱。因煩惱而作業，因作業而受報於生死苦海中，這是凡夫境界。

倘若第六識修行淨業，即能熏習第七識，漸轉為清淨，因第六識依此末那識為根故。修行者到了「極喜地初心位」時，第六識的「我空法空觀」將所有的「分別我執」和「分別法執」都滅盡了，證得無漏體性的「妙觀察智」，進而影響第七識生起更清淨的修行，使其「俱生我執」不再發生現行活動，第七識就漸漸轉為「平等性智」。於此同時，行者仍藉着第六識的綿密觀察，再修行去伏滅「俱生法執」，進而斷除「所知障」，直到等覺位（佛果），煩惱障，所知障的種子永斷，成就「無上正等正覺」。

第四段最後十二句頌第八識（阿賴耶識）。此識只有五徧行心所法，屬無覆無記性，隨業力所牽而生於三界九地。一切眾生皆有此識，由於它的行相微細，很難了知其底蘊，但它能攝持前七識一切種子作根身器界，是一切有情的總報主體。生時這識最先來投胎，死後最後才離開身體，帶着無始以來所作的一切業力，投生六道輪迴苦海之中，永無止息。從無量劫以來，凡夫的第七識念念執着阿賴耶識的「見分」為自我，並且對它深深愛着，遂生「我愛」，沉淪生死輪迴之中，菩薩從初發心修到第七地時，不但「分別我執」已滅除，連「分別法執」也伏滅了，但尚存微細的「俱生我執」與

「俱生法執」。當他從第七地快要進入第八地之前，即「不動地」前，連最後微細的「俱生我執」也斷盡了，到了金剛道，滅盡「俱生法執」，永斷生死，常住涅槃，成就「無上正等正覺」。

二、三性

唯識學有幾個常見的名相，如「三性、五位百法、八識、三能變、種子、現行、熏習」。看起來這些都是普通的名詞，但事實上全是非常重要的課題，大部分唯識學的義理都包括在這些名詞中。當開始解釋「五位百法」時，因為要講解第三頌「徧行別境善十一」，必須了解這百法。但是，在這裏應該先介紹唯識「三性」，因為剛才提過頌中所講的「三性」（善性、惡性、無記性），有不少同學將唯識「三性」與善、惡、無記的「三性」混淆了。這「三性」是從道德（善惡）的角度來判別一切法；唯識「三性」是從緣起生滅、迷惑與覺悟、本體與現象的角度來分析一切法。何謂唯識「三性」呢？

一切諸法，各具三性，萬法必須從三方面觀察，才能見其真相。所以任何一法皆具足三性：一、徧計所執性，二、依他起性，三、圓成實性。此「三性」的義理在唯識教法上，是很重要的；唯識教義的成立，三性是其總綱。若修行者如實了知三性，即能觀一切法的空性：

1. 徧計所執性（梵語：parikalpita-svabhāva，英譯：tendency to cling to all aspects of phenomena based on biased and incomplete understanding）

   徧計所執相是在一切有為無為法上，假藉語言概念而成立的種種自性差別，是由種種因緣所生，本無實體之存在，但眾生妄想執着、自取分別，偏計一切法相而執之為實，故稱之為「偏計所執性」。偏計所執只是我們虛幻的想像，是沒有事實的。凡夫迷惑顛倒，不知「凡所有相，皆是虛妄」[1]，總以為一切法是實在的真有，這可以說是一切凡夫共有的錯誤觀念。作一個比喻，我們晚上在燈光昏暗的路上走，月光被雲彩遮住，亮度不夠，看得也不遠，遙見一棵枯樹，光禿禿連樹葉都沒有了，我們疑其為鬼，這就是「偏計所執」，完全是虛妄的錯覺。

2. 依他起性（梵語：para-tantra-svabhāva，英譯：dependently arisen nature）

「依他起」是指一切現象，都是因緣所生法，緣合則生，緣盡則滅，是依眾多條件聚集而生起的，沒有自性，能所皆不可得，所以稱之為「依他起性」。這些條件的發生，並非偶然。佛法稱之為「緣」，緣具足時相現前，緣不具足時相不現前。現前時，不能說它實有，為什麼呢？它是緣聚而有，緣散就沒有了。依他起法统指宇宙一切事物，一切世間的流轉法門、還滅法門，都要建立在依他起法上。又須知不但有漏法（染）是依他起性，就是佛果無漏法（淨）也是依他起的。所以《成唯識論》卷八云：「眾緣所生心心所體及相見分，有漏無漏，皆依他起，依他眾緣而得起故。」[2] 換言之：如果這依他起是從有漏心心所法而生的，即成偏計所執性，是雜染

1 姚秦法師鳩摩羅什譯：《金剛般若波羅蜜經》。

2 唐代玄奘法師著：《成唯識論》。

性的，煩惱的。如果這依他起是從無漏心心所法而起的，即成圓成實，是清淨的、無煩惱的。

在三性當中，依他起性是基礎。若在依他起性上生起了「錯誤」的認識，執着諸法為實有，則成徧計所執性；對依他起性生起了「正確」的認識，了知諸法空性，則成圓成實性。

3. 圓成實性（梵語：pariniṣpanna–svabhāva，英譯：perfectly enlightened true nature）

「圓成實」即是圓滿合理，究竟真實的自性，又名真如、法界、法性、如如、涅槃等。《成唯識論述記》卷九給「圓成實性」規定了三個條件：「一圓滿、二成就、三法實性。具此三義，名圓成實性。」[1]「圓滿」是圓滿無缺，常住不滅的教法；「成就」是成就佛的無上功德；「法實性」指常住不滅的真實體性。

圓成實性即是無為法，這是指二空所顯的真如。何謂二空所顯呢？當修行者空了能取所取，我相法相的顛倒執着，證入真如時，這就是二空所顯的真如。

《攝大乘論．入所知相分第四》[2] 以「痲繩蛇」譬喻解釋三自性，甚為具體，現引用如下：若有人在黑夜中見一繩子，疑以為蛇，妄生怖畏。這妄見是徧計所執性，蛇實不存在故。這繩並不是蛇，繩是依他起的，是眾緣所聚而生（眾緣者：痲、人、顏色等）。倘若後來覺知見繩非蛇，在繩上（依他起）離開了蛇的錯誤觀念（徧計

1 唐代窺基法師著：《成唯識論述記》卷九。

2 印度無着菩薩著，唐代玄奘法師譯：《攝大乘論．入所知相分第四》。

所執），即是圓成實性。若再進而明察：繩的本體是麻，是人手搓出的，若反着一搓，繩就沒有了，所以這繩亦是一虛幻現象，其本體沒有別的，只是麻。我們若見繩不誤為蛇，不生恐懼，知其麻體，亦不去分別：這是夏布，那是麻繩，這是麻紙；當下如實了知其本體是麻。這樣即是「見」圓成實性了。

唯識三性，是以依他起性為中心，在依仗眾緣而生起的依他起法上，眾生心意識觸境攀緣與生起迷惑煩惱，把它的存在執着為實有，遂生貪嗔癡而作業，這就是偏計所執性。在依他起法上，若能覺悟緣起性空的真理，徹底捨除了實我實法的妄想執着，就是圓成實性。

三性的互相關係

三性的互相關係是一（相同），抑或是異（不同）呢？

圓成實與偏計執的關係是不一不異的。何以故？證悟了圓成實，則無偏計執；有偏計執，則無圓成實。這是迷與悟的對立，所以說二性「不一」。然而，偏計所執無體，若凡夫不修學佛法去除偏計執，亦終不能見圓成實性，其體亦不現，亦即是無體，所以說二性也「不異」。

圓成實與依他起的關係是不一不異的。何以故？依他起有無常的一面，圓成實是真如，不是無常的，所以說此二性「不一」。然而，圓成實是依他起的真實性，若依他起是從無漏心心所法而生的，則是圓成實，所以說此二性「不異」。再者：依他起是凡聖境界，而圓成實是聖者境界。聖者所證的智慧有二：一、根本智，即無分別智，親證圓成實性；二、後得智，多指有分別智（有時也無分別）。聖者得根本智後，起分別智去廣度一切眾生，亦是緣依他起的，所以說圓成實與依他起亦「不異」[1]。

偏計所執與依他起的關係是不一不異的。何以故？偏計所執是凡夫的虛妄分別心執着實法，其實是無法；而依他起是緣起法，是有的，二性一有一無，所以說「不一」。但是依他起是「假有」而偏計執是「情有」，在凡夫的覺知上皆是有，所以說二性「不異」。

三性是說明對一切萬法，應從三方面觀察，才能見到真相。所以任何一法皆具三性。佛為破除眾生執着自性空，說三性後，又說三無自性，這三無性是由歸空的一邊來破除我法二執，以成立「非有非空」的中道義。

三無性

「相無性」「生無性」「勝義無性」，是佛之密意所說，是相對三性而說的。無性就是無自性，相就是體相、或相狀。這三無性，是用三性作為體。依三性而建立的三種無性，不是離了三性之外別有三種無性。用密意說三種無性，是為了說明「一切法皆無自性、無

1　法舫法師，1993，《三性相互關係》，載於《唯識史觀及其哲學》，台北：正聞出版社，第243 頁。

生無滅、本來寂靜、自性涅槃」。

1. 相無性（梵語：lakṣaṇa-niḥsvabhāvatā，英譯：the lack of self-nature of form and appearance）：是就徧計所執性而立的教法。凡夫執着於實我實法，其實是迷情上所表現，例如患眼病者，如見空華，其實什麼東西也都沒有。但是凡夫執着妄想、自取分別，徧計一切法相而執之為實，故曰「徧計所執性」。例如蘋果只是一個依他起相，但凡夫因為執着，於中分別這顆好吃，那顆難吃；蘋果是紅色，香蕉是黃色，一切虛妄分別，本無實體。一切乃是眾生虛妄所加，也就是在依他起性上加上妄想分別而生的。

2. 生無性（梵語：utpatti-niḥsvabhāvatā，英譯：the lack of self-nature of the conditions that cause it to exist）：是就依他起性而立的教法，乃一切萬法依因緣的顯現。由種種因緣所生的假有（緣生），沒有一定的性質。例如，眼前的一根香蕉，乃是依其他眾緣而起，要有土地滋養、農夫的耕耘、陽光照射、雨水的灌溉、歲月的堆疊，才能生起這根香蕉。再者，這根香蕉若要顯現在我們眼前，又要香蕉這色塵與我們的眼根等因緣的配合，方可顯現此一香蕉相。此一香蕉相從物質上來講是四大假合，其實除了物質外，更要許多因緣配合才幻化生起此相。故此，香蕉就是「依他起性」（是依他緣所起之眾生）。而且，此香蕉是因緣聚散和合而成，剎那生住異滅，無有固定不變自體，所以稱為「生無自性」。

3. 勝義無性（梵語：paramārtha-niḥsvabhāvatā，英譯：the lack of self-nature of ultimate reality）：是就圓成實性而立的教法。勝是殊勝；義是道理。勝義，即是圓成了根本無分別智的境界。圓成實性即在依他起性上，遠離了徧計所執而顯的真如境界。

綜合以上所述：佛說三性後，又以三無性破三性之執。三性三無性究竟是有，抑或是空呢？若以三性的有無分析一切諸法，每一法都具足三性三無性，所以不能肯定為有，亦不能肯定為空。這就是唯識學派「非有非空」的中道。

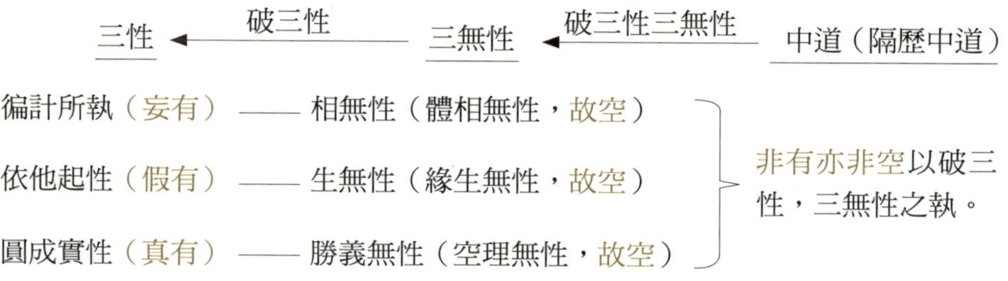

以上的中道是隔歷修行，以一對一。其實不論從那一性來說，都可以成立非空非有的中道義啊！以下略作解釋：

須知徧計所執是虛妄情執的，是分別心，雖是體相皆無，或謂「情有體無」。因為它是體無的，所以說「非有」；但因為它屬「情有」的，所以說亦可「非空」。

依他起性是因緣所生法，它有漏雜染的一面，是無常的，是「如幻假合」，所以說「非有」；但它有無漏清淨的一面，是真實的，所以亦可說「非空」。

圓成實性是諸法的體性，是遠離一切所執的真有法，是依它起性上的真實性，所以說「非空」。它是「妙有真空」，而真空是無相的，所以說「非有」。

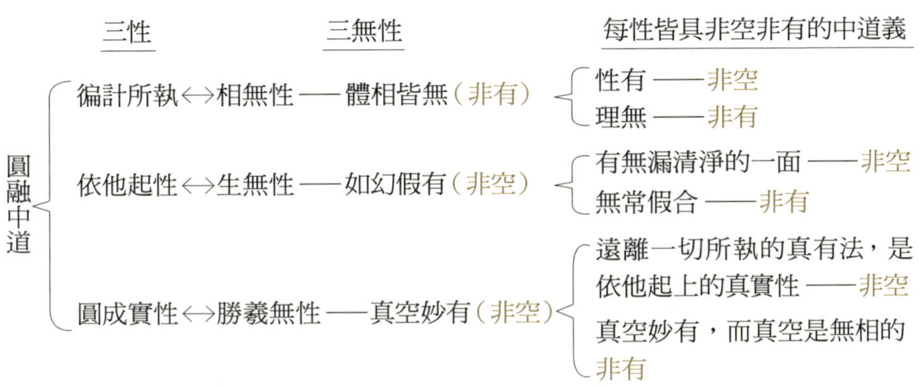

上述「非有非空」中道義理，是依言語來表詮的，所以叫做「言詮中道」。但是，若依無漏智所證得的真如理體來說，這不是世間的文字相、心慮相所能表詮的，是為「離言中道」。其實，有、空、亦有亦空、非有非空，都是言詮的戲論。真如是超越文字概念，言語思惟的；修行者必須直接證悟，方知真如本體。正如《大乘起信論卷上》云：「一切諸法，唯依妄念而有差別。若離妄念，則無一切境界之相，是故一切法從本已來，離言說相、離名字相、離心緣相，畢竟平等，無有變異，不可破壞，唯是一心，故名真如。……此真如體，無有可遣，以一切法悉皆真故，亦無可立，以一切法皆同如故。當知一切法不可說，不可念，故名為真如。」[1]

1　印度馬鳴菩薩造，梁天竺三藏法師真諦譯：《大乘起信論》。

這中道觀的義理甚深難懂，而且諸唯識宗師的見解亦各有略異之處，非本文所分析的範圍，無容在此冗贅了。

判教

唯識宗判教為三時：有、空、中，而《解深密經》是其重要經典。若以此經所論「三性三無性」判教，可分析如下：

1. 第一時有教：釋尊於初時為發趨聲聞乘者，宣說四諦之理，稱為第一時「有」教，以表《阿含經》等所說「我空法有」之旨，指出一切存在都是因緣所生法，故無實體，故稱「有」教，指小乘有宗。

   凡夫執着四大五蘊等法為我，佛陀以徧計所執性，解說此我相是由虛妄分別心而生的，實無體性，一切法中根本無我。小乘人聞此得悟無我理，但仍然執着法為實有，故佛陀又開顯第二時教以破其法執。

2. 第二時空教：釋尊為發趨大乘者講說「諸法皆空」之理，如《般若經》等所說，講述一切法都是仗因託緣而生起的，是依他起性的，而依他起性是「生無自性」性的，但依緣聚會，假合生相，本無實體，是無自性的，是空的，故稱空教，指大乘空宗。

   中根人聞此空教得悟我空及法空之理，但仍然落於空見，是為不了義教，易生諍論，故釋尊又開顯第三時中教以破第一時之有及第二時之空，是為雙破有空。

3. 第三時中教，釋尊普為發趣一切乘者，講說中道之義，如《解深密經》《華嚴經》等，解釋空之真義，破小乘的有執與菩薩的空執，說心外之法非有，心內之法非空，進而肯定非有非空的中道教，是為了義教。

上根人聞這「三性三無性」的真理，得悟中道，成為聖者。證悟了圓成實性則無徧計執性。前徧計執性是依他起性上的妄情計執，後圓成實性是依他起性上的真實性，所以離了依他起法，前二性根本不可得。但在智慧的證悟上，證此圓成實性之後，才能了知彼依他起性的如幻存在。若未悟徧計執性的性空，就不能如實了知圓成實性。因此在修證的程序上，是要先破徧計執以除去圓成實的障礙，方能了達依他起性的幻有。

徧計所執既無，亦不執着依他起性與圓成實性，即是離有空而歸於中道。

結語

諸般若經典所說「一切諸法皆無自性」的空理，從《解深密經》的觀點來說是未盡完善的，是隱密說而不是顯了說，並沒有把三性、三無性的概念揭露、解析出來；而《解深密經》不只揭示三性、三無性，且更進一步指出並不是一切都沒有自性的。《成唯識論》卷九將這理說得頗明顯：「云何依此而立彼三？謂依此初徧計所執立相無性，由此體相畢竟非有，如空華故。依次依他立生無性，此如幻事託眾緣生，無如妄執自然性故，假說無性，非性全無。依後圓成實立勝義無性，謂即勝義，由遠離前偏計所執我、法性故，假說無性，非性全無。…… 三頌總顯諸契經中說無性言非極了義，諸有智者不應依之總撥諸法都無自性。」[1]

依《解深密經》的三自性三無性的密意，所謂「一切皆無自性」，不是說一切都沒有自性；在三相中，圓成實相是勝義有的，依他起性之無漏淨法是有自性的，真正無自性的，是於一切法所起的偏計所執相。如此把無自性與有自性明顯界定出來，才是顯了說。依此來解說無自性，才能真正掌握大乘空義。

1 唐代玄奘法師著：《成唯識論》。

三、五重唯識觀

《圓覺經》云：「一切眾生從無始來種種顛倒，猶如迷人四方易處，妄認四大為自身相，六塵緣影為自心相；譬彼病目見空中花及第二月。善男子！空實無花，病者妄執。由妄執故，非唯惑此虛空自性，亦復迷彼實花生處，由此妄有輪轉生死，故名無明。」

佛法告訴我們，凡夫眾生之所以不能得自在，乃因迷色、迷心，執着四大五蘊之身為實有，六根攀緣執着六塵，被五蘊覆蓋真如自性，以妄緣妄，因此輪迴受苦。

修學唯識目的不單是要明白佛法的義理，最重要的是要依唯識觀去修行。透過學習《八識規矩頌》的觀行，我們應觀世間一切事物皆虛幻不實，緣聚則生，緣滅即散，本無實我的自體，都是「依他起性」（梵語：para-tanra-svabhāva，英譯：dharma of dependence upon others）。凡夫執着萬法為實有，則其見解變為「徧計所執性」（梵語：parikalpita–svabhāva，英譯：tendency to ciling to all aspects of phenomena based on biased and uncomplete unclerstanding）。譬喻眾生執着自己的身心為「自我」，但其實身心本來是四大（地水火風）、五蘊（色受想行識）所組成，緣生緣滅，實在不是永恒，獨立，不依緣而可存在的自體。

還有一點要知道：前五識、第七、第八識都沒有修行的能力，所以我們修行是要依靠第六識的力量修習我空與法空，能斷除俱生的我執與法執。因此，修行的重點，是在於先將第六識轉為「妙觀察智」。

修持唯識觀必須以五重妙理去觀察這虛妄不實的「我相」。每觀從粗至細，漸次深入，如剝芭蕉，以至最後「無我相、人相、眾生相、壽者相、無法相、亦無非法相」（《金剛經》），徹底捨除了實我實法的妄想執着，成為「圓成實性」（梵語：pariniṣpanna-svabhāva，英譯：dharma of ultimate and perfect reality）的正覺。現將這三重唯識觀簡釋如下：

遣虛存實觀

遣者，排遣；虛者，虛妄。虛妄執着是有情眾生的「徧計所執性」。凡夫以徧計所執的妄見觀看世間一切事物，以為是實有[1]，故恒常無間斷地攀緣執着外境（色塵、聲塵、香塵、味塵、觸塵、法塵）為「有」，而產生妄想的執着，因執着而造作種種身口意三業，因造業而受報，輪迴六道，煩惱痛苦永無竭止。

佛法認為世間一切萬法都沒有實體，無獨立永存性，是無常、

1　這妄認「實有」何解呢？以「人生價值觀」為例，凡夫認為人生價值的標準是財富、名利、地位、健康、事業、婚姻等豐盛美滿的擁有，所以不惜用種種方法去追求。其實，萬物都是「因緣所生法」，即使得到，亦是變易的、短暫無常的、永無久享的。況且凡夫往往在爭取的過程中，造作種種惡業而不自覺，牽纏不少因果報應的複雜關係，慼生無量苦果，死後帶着自己所造的業力，繼續流轉於三界六道輪迴之中，不能自拔。

苦、空、無我的，教導我們要通過種種修行去破「我執」。偏計所執的「體」與「用」都非實有，是心外諸境。修唯識觀者必須將這「心外諸境，體用非有」的「偏計所執性」見解「遣」除，所以說「遣虛」。相反來說，「依他起性」與「圓成實性」則必須「存」留於心識中，因「心內諸法，體用皆實」。換言之，內識「依他起性，圓成實性」是實有的，所以說「存實」，但「偏計所執性」是虛，必須要「遣虛」。這就是「遣虛存實觀」：

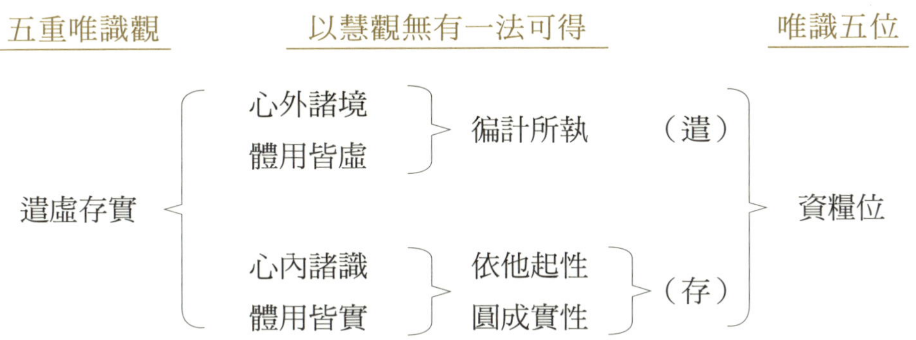

若以天台宗一心三觀（假、空、中）的修法對照，這時是修習「假觀」。行者一心要修行（如禪修或唸佛），這一心修行的堅決心，是第六意識的作用。通過修行，行者第六意識對境不起妄想分別，觀一切法都是「虛假」之相，即《金剛經》所說：「一切有為法，如夢幻泡影，如露亦如電，應作如是觀。」這樣努力修行，第六意識不與前五識俱生污染，亦不自生污染，即是不攀緣外境，不生起分別、愛憎、取捨的心。

這是第一重觀行，是先觀一切外境皆無，是虛妄變幻的暫有假相，都是由於心識的攀執而生起的，即所謂「唯識所變」「唯識無境」。若以唯識五位看「遣虛存實觀」，則這觀行是唯識五位中的「資糧位」。在「資糧位」時，修觀者的「慧」時定時散，不易成就定慧，是初步的觀行。這第一重觀是總觀，了知徧計所執性是「情有理無」，這情是自我的妄執，迷失了正理，故謂「情有理無」。依他起性與圓成實性是「理有情無」，因為這二性是要脫離妄想執着的，屬於正理；它們是趨向清淨無染的，是離情，故謂「理有情無」。修這觀行者以「空觀」遣除有執，以有觀對治「空執」。

捨濫留純觀

內識可自生境，所以內識有境有心。唯識學說「境」在識內，是識所變現的。例如意識可在心內浮現過去所能憶的一切事物，故稱「內境」。唯識說「唯」，是從心識說「唯」，不從境上說「唯」。凡夫說的境，是徧計所執的「外境」，他們濫認「內境」為「外境」，所以要「捨」除這錯誤的觀念，是故說「捨濫」。

從見分與相分的角度看，凡夫觀一切事理皆不離心識，於此內識有見分（純）、相分（濫），二者唯在識內有。見分是「依他起性」，其相分通「外境」，亦通「內境」，屬「徧計所執性」。修觀者恐濫執「外境」而生徧計所執，故言要「捨濫」，「留純」是空境不空心。心不空，即是唯留內識。

若以天台宗一心三觀（假、空、中）的修法對照，這時是修習

「空觀」。對行者來說，不攀緣外境尚屬容易，但意識心內所生的內境甚難控制。當行者能成功地熟習「假觀」，即是能夠止息第六識執着與五識俱生的外境時，就能進而修習「空觀」，對治「內境」。

這「空觀」怎樣修呢？當第六意識自內心生起妄念時，立刻提起「正念」，其觀法如下：

1. 當意識生起妄念（如貪念、嗔念、淫念、抑鬱、自卑、恐懼、嫉妒、自大、氣惱）時，立刻察覺這妄念的生起，不要繼續讓自己的心意識去想這念頭，即時把這妄念放下。

2. 開始時甚難將妄念揮走，必須堅決不作第二念的延續，或唸一句佛句打斷這念頭，或觀這念頭的「空」性（此念乃短暫無常的因緣所生法，沒有永存自性）。以淫念為例：提起正念（不淨觀）去思惟它的性質，自忖：「這是淫念，我不應隨着它走，要立刻把它放下，不要拖延續為第二念。」《維摩詰所說經・觀眾生品第七》中，文殊菩薩問維摩居士：「欲除煩惱，當何所行？」答：「當行正念」。這即是提起「正念」不讓意識將其妄念延續下去。

第一重「遣虛存實觀」是粗觀、總觀，觀行者了別外境一切皆空，唯內識實有。這第二重觀較深入：觀內識相分為所緣之境，必須捨去，若相分不起，是「無相」，再觀見分為能緣之心，必須保留，這時境空，心不空，唯有內識，無有外境。這時觀行者的能緣之心對所緣之境都很作意地在觀中，小心翼翼地去分辨能緣所緣，心境相對時，不會被境所迷。

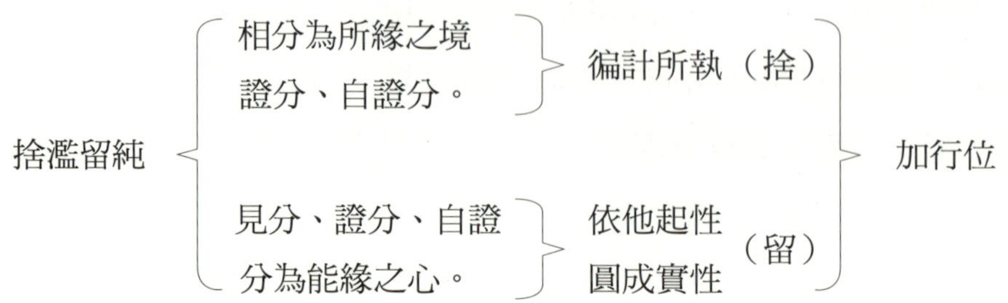

「捨濫」還不足夠，還要「留純」，保留純粹的「識」，但這時的識，由於已捨去了執着外境（徧計所執），故唯有正念的見分，但這見分不執着相分（緣），所以無有外境的執着，亦即所謂「唯識無境」。這第二重觀行比第一重較細、較深，因為前觀是概括的總觀，現觀是明確地指出要觀察心識的見分，要保留正念，故謂「捨濫留純」。

若以唯識五位看「捨濫留純」觀，這第二重觀屬於「加行位」。

攝末歸本觀

雖然在前面第二重觀「捨濫留純」，已捨除了心境相對的濫境，但心識內的見分與相分，尚俱其所依的自證分（本）而妄轉，產生業用。若離自證分（本），則見、相分（末）必不生起，即是說妄計的見分、相分俱不起，而攝歸於本識的自證分內。這時能分別之「見分」與所分別之「相分」雙亡，即所執的妄境，能執的妄心泯滅，只有本識的自證分尚存。這就是攝末歸本。

五重唯識觀	能所皆空	唯識五位
攝末歸本	見相二分（末）——徧計所執（攝） 自證分（本）——依他起 圓成實（歸）	見道位

若以天台宗一心三觀（假、空、中）的修法對照，當「空觀」的功夫成熟時，此觀「我空法空」的內心深處（唯識所說的「自證分」）產生淨化作用，連「我空法空」能觀所觀之心亦趨於寂滅，即是連「我空法空」亦空。是「空假一如」，不分別，不愛惡，不取捨，自心平等而住，是為「中觀」。

隱劣顯勝觀

「劣」是形容心所的情意糾結，「勝」是形容心王的如實了知。凡夫的心所是污染的，有五徧行、五別境、善十一、根本煩惱六、隨煩惱二十、不定四，共五十一個心所。它們攀緣一切外境，生起種種妄想分別，所以修觀者必須要隱蔽它們，不要受它們驅使，即是要「隱劣」。這觀行較前更微細，因它不但攝見相二分於自證分去覺察妄念，而且將妄念的心所一一擇別而隱蔽之，不讓其影響心王的正念。

五重唯識觀	王所相對觀	唯識五位
隱劣顯勝	八識心王各有心所為臣（隱） 八識自體各稱心王為君（顯）	修道

心王是心所所依止的，故心王是「勝」，心所是能依止者，如臣子依王，故說是「劣」。心王恒常被心所染污，故要「隱劣顯勝」，顯出心王的正念。

「顯勝」就是要運用如實的理智去覺察，不要受心所的情意控制，要運用理智去洗練情欲，控制情欲，於一切外境不起觸、作意、受、想、思，即是將亦屬相分見分的心所攝入心王而隱沒之。若以唯識五位看「隱劣顯勝」觀，這第四重觀屬於「修道位」。

遣相證性觀

「相」者，虛幻事相，指「依他起性」。「性」者，真如理體，指「圓成實性」。若要明白「遣相證性觀」的道理，必須了解「依他起性」與「圓成實性」的意義，這裏讓我們重溫其義。

「依他起」是指一切現象，都是因緣所生法，緣合則生，緣盡則滅，是依眾多條件聚集而生起的，沒有自性，「能所」皆不可得，所以稱之為「依他起性」。依他起法统指宇宙一切事物，一切世間的流轉法門、還滅法門，都要建立在依他起法上。又須知不但有漏法（染）是依他起性，就是佛果無漏法（淨）也是依他起的。所以

《成唯識論》卷八云：「眾緣所生心心所體及相見分，有漏無漏，皆依他起，依他眾緣而得起故。」換言之：如果這依他起是從有漏心心所法而生的，即成徧計所執性，是雜染性的、煩惱的。如果這依他起是從無漏心心所法而起的，即成圓成實，是清淨的、無煩惱的。

「圓成實」即是圓滿合理，究竟真實的自性，又名真如、法界、法性、如如、涅槃等。《成唯識論述記》卷九給「圓成實性」規定了三個條件：「一圓滿、二成就、三法實性。具此三義，名圓成實。」「圓滿」是圓滿無缺，常住不滅的教法；「成就」是成就佛的無上功德；「法實性」指常住不滅的真實體性。

在三自性當中，依他起性是基礎。若在依他起性上生起了「錯誤」的認識，執着諸法為實有，則成徧計所執性；對依他起性生起了「正確」的認識，了知諸法空性，則成圓成實性。

這第五重唯識觀，是「遣相證性」，意謂遣除依他起性的事相，證得圓成實性的理體。第四重唯識觀顯出心王、心所相對的觀法。以上第一、二、三、四重是有「相唯識觀」，屬於有漏觀境。現在將重點集中在心王上，探討的是「性唯識觀」，屬於無漏觀境。前四觀屬於有相、有分別的事觀；現在第五觀屬於無相、無分別的理觀。

八識心王的自體分，是依他起性之事相，此事相有概念、有業用，既然有相用，則一定有分別，有分別即有對待，所以應遣除而不取着，所以要「遣相」，即是要遣除依他起性。修此觀者對依他起的諸相不起分別，才能證得真如實性，即就是遣依他相而證圓成實性。

在理方面，有常住不變的圓成實是諸法的體性（無分別），但是一切諸法的體性雖是離言，假若不遣息一切分別心相，終不能體證如實真理，所以要連這屬於無漏心心所法的依他起性也要遣除，才能證得圓成實性。這時無有一法可得，不但證入「無我相、無人相、無眾生相、無壽者相」連「法相、非法相」亦無所得，是名「阿耨多羅三藐三菩提」（梵語：Anuttara-samyak-saṁbodhi，意譯無上正等正覺），此為唯識觀之極致！

五重唯識觀	能所皆空	唯識五位

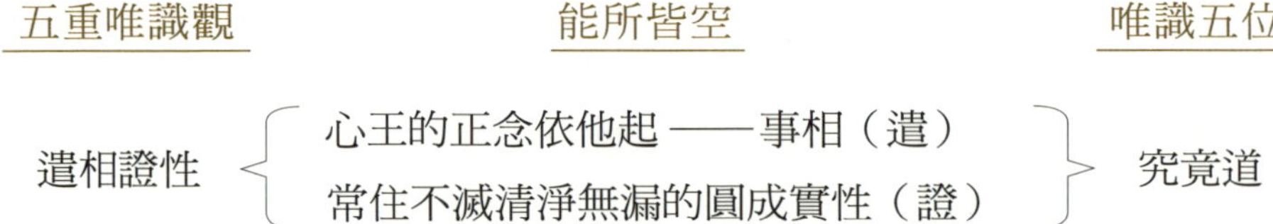

以上三重，自粗至細，自雜至純，自有相至無相，自有分別至無分別，前四重為捨遣徧計所執性，而使歸於清淨依他起性的觀法，故曰「相唯識」，為修道的觀行。最後第五重連正念的依他起性也遣除，而證得圓成實性，是「性唯識」是究竟道的修法。

附錄

加拿大國際佛教觀音寺簡介

觀音寺始建於 1981 年，仿清代寺院風格興建，畫棟雕樑，莊嚴華麗。寺院園林景色，有奇石盆栽，環境清幽雅致。其中有精湛的佛像雕塑，如木雕、石雕、銅雕、瓷雕，壁畫浮雕等，亦有書畫藝術，讓人們得以體驗傳統精緻的中華文化。該寺榮獲加國頒發加拿大 125 屆百年獎章（The Commemorative Medal for the 125th Anniversary of the Confederation of Canada in Recognition of Significant Contribution to Compatriots Community and to Canada），以表彰其對加拿大社會的貢獻。

在世間法方面，觀音寺以無私的貢獻，在本地與海外，積極推展助學扶貧等慈善工作，回饋社會。體驗「無緣大慈、同體大悲」的佛教精神。

國際佛教觀音寺的弘法宗旨：「持戒為本、唸佛為歸、觀心為要、經教為依。」通過正信佛教的修行，讓人們在日常生活中實踐佛法，學習如何成為一個守法安良的公民，活出身心清靜，利樂眾生，廣結善緣的人生。將來更能超凡入聖，永斷生死，常住無上正等正覺。

觀音寺地址：9160 Steveston Highway, Richmond, BC, V7A 1M5, Canada.

寺院網頁：www.buddhisttemple.ca

作者簡介

觀成法師，香港出生，畢業於多倫多大學，獲經濟系學士及工商管理學碩士，曾任加拿大執業會計師（CPA, CMA），於 1999 年放下萬緣，剃度出家。

· 1981 年，在加拿大卑詩省列治文市（Richmond, B.C.）創建了國際佛教觀音寺。

· 2010 年，在香港成立戒定慧講堂，作為在東南亞地區弘法講經、放生、扶貧助學、參與香港書展及進行法寶流通等的活動基地。

· 2013 年，在加拿大溫哥華寶雲島（Bowen Island）沿海創建寶雲禪寺及海傍精舍。

多年來，觀成法師以普通話、粵語及英語弘揚正信佛法，出版了眾多中文著作及英文法寶，並經常舉辦佛教演講，座無虛席。於國際網絡上，其作品已累積千萬點擊率，促進了佛法的交流和理解。